Das Dienstrecht
der Internationalen
Organisationen

The Service
Regulations
of International
Organizations

D1664703

Handbuch der Internationalen Rechts- und Verwaltungssprache

Herausgeber
Internationales Institut
für Rechts- und
Verwaltungssprache

Deutsch/Englisch

Manual of International Legal and Administrative Terminology

Editor
International Institute
for Legal and
Administrative Terminology

German/English

Carl Heymanns Verlag KG · Köln · Berlin · Bonn · München

Das Dienstrecht der Internationalen Organisationen

The Service Regulations of International Organizations

Deutsch/Englisch

German/English

Carl Heymanns Verlag KG · Köln · Berlin · Bonn · München

Dieser Band wurde von der nachstehenden Kommission des Internationalen Instituts für Rechts- und Verwaltungssprache erarbeitet:

Vorsitzender:
Helmut Kitschenberg
Dr. jur., Ministerialrat im Bundesministerium des Innern, Bonn

Joseph R. Foster
M.A. (Oxn), sometime Head of Division, Commission of the European Communities, Luxembourg

Werner Reppich
Oberregierungsrat a.D., Berlin

Hartmut Schulz
Dr. iur., Ministerialrat im Bundesministerium der Finanzen, Bonn

Donald Waters
Language Service, EUROCONTROL, Brüssel

Schlußredaktion:
Ständiges Sekretariat
Internationales Institut für Rechts- und Verwaltungssprache, Knesebeckstr. 8/9
D-1000 Berlin 12, Tel.: (030) 867 4164/4162

Abgeschlossen im Februar 1982

© 1982   ISBN 3-452-19380-2
Gedruckt im Druckhaus Bayreuth
Printed in Germany

This volume was compiled by the following commission of the International Institute for Legal and Administrative Terminology:

Chairman:
Helmut Kitschenberg

Dr. jur., Ministerialrat im Bundesministerium des Innern, Bonn

Joseph R. Foster

M.A. (Oxn), sometime Head of Division, Commission of the European Communities, Luxembourg

Werner Reppich

Oberregierungsrat a.D., Berlin

Hartmut Schulz

Dr. iur., Ministerialrat im Bundesministerium der Finanzen, Bonn

Donald Waters

Language Service, EUROCONTROL, Brussels

Final Editing:

Permanent Secretariat
International Institute for Legal and Administrative Terminology, Knesebeckstr. 8/9
D-1000 Berlin 12, Tel.: (030) 867 4164/4162

Completed in February 1982

© 1982   ISBN 3-452-19380-2
Gedruckt im Druckhaus Bayreuth
Printed in Germany

Inhaltsverzeichnis

Contents

7

Vorbemerkung

1. Der Gedanke, ein internationales Handbuch der Rechts- und Verwaltungssprache zu schaffen, ist aus einem praktischen Bedürfnis entstanden. Immer größer wird die Zahl der Fachleute, die in fremder Sprache verhandeln müssen, ausländische Besucher zu betreuen haben oder für internationale Aufgaben im In- und Ausland tätig sind. Dafür ist außer der Allgemeinsprache die Kenntnis der entsprechenden Fachausdrücke und Rechtseinrichtungen des Auslands unerläßlich.

   In den zwei- oder mehrsprachigen Wörterbüchern der Allgemeinsprache und der Fachsprachen erscheint das Wortgut meist alphabetisch. Die Bände des Handbuchs sind dagegen nach Sachgebieten geordnet; neben Übersetzungen bieten sie auch Definitionen, Erläuterungen und sachgebietsgebundene Redewendungen, die in anderen Wörterbüchern nicht in dieser Ausführlichkeit verzeichnet werden können.

   Das Handbuch soll alle Fachgebiete umfassen, auf die sich der internationale Rechts- und Verwaltungsverkehr erstreckt. Es erscheint in Einzelbänden, die eine Auswahl der wichtigsten Begriffe und Benennungen des behandelten Sachgebiets enthalten. Der Benutzer hat daher mit den Bänden des Handbuchs die Möglichkeit, sich über das einschlägige Fachwortgut kurzfristig zu unterrichten.

   Das Internationale Institut für Rechts- und Verwaltungssprache hofft, durch seine Veröffentlichungen die Kenntnis der verschiedenen Rechts- und Verwaltungssysteme zu vertiefen und damit zur besseren Verständigung unter den Völkern beizutragen.

2. Das Wortgut wird einheitlich aufgeführt, und zwar links Deutsch, rechts Englisch.
   a) Begriffe und Benennungen, die in beiden Sprachen inhaltsgleich sind, werden mit = gekennzeichnet.
   b) Begriffe und Benennungen, die in der anderen Sprache mit einem ähnlichen Begriff wiedergegeben werden können, werden mit ± gekennzeichnet.
   c) Begriffe und Benennungen, für die es in der anderen Sprache keine Entsprechungen gibt, werden in der Mitte der betreffenden Spalte mit ≠ gekennzeichnet. Erklärungen und Übersetzungen werden darunter gesetzt.
   d) Begriffe und Benennungen, die sich innerhalb der gleichen Wortstelle wiederholen, werden durch eine Tilde (~) gekennzeichnet.

3. Die Erklärungen werden auf ein Mindestmaß beschränkt. Sie haben *nicht* die Aufgabe, einzelne Rechtsinstitutionen zu beschreiben, sondern sollen lediglich terminologische Aufklärung geben.

4. Einzelne Ausdrücke dieses Bandes sind oder werden in anderen Bänden des Handbuchs der Internationalen Rechts- und Verwaltungssprache möglicherweise anders übersetzt. Solche Unterschiede ergeben sich aus der Natur der behandelten Sachgebiete.

Foreword

1. The idea of producing an international manual of legal and administrative terms arose from a practical need. The number of specialists who have to conduct negotiations in a foreign language, who have to look after foreign visitors, or who are engaged in international business both in their own country and abroad, is continually increasing. Such persons need to know not only the everyday language of the foreign country, but also the technical terms and the legal institutions of that country.

   Bilingual and multilingual dictionaries, whether general or specialized, are normally arranged alphabetically. The volumes of the manual are, in contrast, arranged according to subject matter. In addition to translations, they will also contain definitions, explanations and technical terms which are not covered in the same detail in other dictionaries.

   The manual is to cover all the specialized fields with which international legal and administrative relations are concerned. It will appear in separate volumes, each one of which will contain the most important concepts and terms in a particular field. The user of the volumes of the manual will thus be able to acquaint himself quickly with the necessary technical vocabulary.

   It is the hope of the International Institute for Legal and Administrative Terminology that its publications will deepen the knowledge of different legal and administrative systems and will thereby contribute to a better understanding between peoples.

2. The vocabulary is uniformly arranged, with German on the left and English on the right.
   a) Concepts and expressions which are synonymous in the two languages are indicated by the sign =.
   b) Concepts and expressions which can be translated into the other language by a comparable or similar expression are indicated by the sign ±.
   c) Concepts and expressions for which there are no equivalents in the other language are indicated in the middle of the column by the sign ≠. Explanations and translations are placed underneath.
   d) Concepts and expressions which are repeated under the same term are indicated by the sign ∼.

3. Explanations have been kept to a minimum. They are not intended to describe the individual legal institution, but merely to provide terminological clarification.

4. Certain terms in this edition may have been or might be translated differently in other volumes of the Manual of International Legal and Administrative Terminology. These differences are a result of the material itself in the various specialist fields being examined.

Quellenhinweis

Bibliography

I. Europäische Gemeinschaften – European Communities

Statut – Verordnungen und Regelungen für die Beamten und sonstigen Bediensteten bei den Europäischen Gemeinschaften, 1978

Staff Regulations, Regulations and Rules applicable to officials and other servants of the European Communities, 1978

Wortgut des Statuts der Beamten der Europäischen Gemeinschaften und der Beschäftigungsbedingungen für die sonstigen Bediensteten sowie der wichtigsten einschlägigen Verwaltungsdokumente, Brüssel 1975

Vocabulary of the Staff Regulations of officials of the European Communities and the Conditions of Employment of other servants, plus other relevant Administrative Documents, Brussels 1975

II. Koordinierte Organisationen – Coordinated Organizations

1. Staff Manual
   Organisation for Economic Co-operation and Development, 1979

   Staff Regulations
   Council of Europe, 1980

   Civilian Personnel Regulations
   North Atlantic Treaty Organization, 1974

   Staff Regulations
   European Space Agency, 1974

   Staff Rules
   Western European Union, 1979

   Co-ordinated Organisations' Monthly Salary Scales from 1st January 1981 (including various important reports of the Co-ordinating Committee of Government Budget Experts)

   Pension Scheme Rules applicable to permanent Staff of the Co-ordinated Organisations (Annex to the 127th Report of the Co-ordinating Committee of Government Budget Experts), 1976

2. Statut der Beamten des Europäischen Patentamts mit Versorgungsordnung für das Europäische Patentamt, 1977

   Service Regulations for permanent employees of the European Patent Office with Pension Scheme Regulations of the European Patent Office, 1977

   Personalstatut
   Europäisches Zentrum für mittelfristige Wettervorhersage, 1978

   Staff Regulations
   European Centre for Medium-Range Weather Forecasts, 1978

III. Vereinte Nationen – United Nations

Staff Regulations of the United Nations and Staff Rules, 1979

Regulations of the Pension Fund and Administrative Rules

Schwörbel, Dr. Herbert, Der internationale Beamte im Dienst der Vereinten Nationen, 2. erweiterte Fassung 1980

Abkürzungen / Abbreviations

bzw.	beziehungsweise
cf.	confer/compare
CO	Coordinated Organizations
d.h.	das heißt
EC	European Communities
ECMWF	European Centre for Medium-Range Weather Forecast
EG	Europäische Gemeinschaften
e.g.	exempli gratia/for example
einschl.	einschließlich
EPA	Europäisches Patentamt
EPO	European Patent Office
ESA	European Space Agency
etc.	et cetera/and so on
EZMW	Europäisches Zentrum für mittelfristige Wettervorhersage
f.	femininum/feminine/weiblich
fpl.	femininum pluralis/feminine plural/weiblich Mehrzahl
FS	Field Service
GS	General Service
i.d.R.	in der Regel
KO	Koordinierte Organisationen
m.	masculinum/masculine/männlich
mpl.	masculinum pluralis/masculine plural/männlich Mehrzahl
MW	Manual Worker
n.	neutrum/neuter/sächlich
NATO	North Atlantic Treaty Organization/Nordatlantikpakt-Organisation
No.	number
npl.	neutrum pluralis/neuter plural/sächlich Mehrzahl
Nr.	Nummer
OECD	Organization for Economic Cooperation and Development
pl.	pluralis/plural/Mehrzahl
s.	siehe
s.a.	siehe auch
u.a.	unter anderem
UN	United Nations
vgl.	vergleiche
VN	Vereinte Nationen
WEU	Westeuropäische Union/Western European Union
z.B.	zum Beispiel
z.Zt.	zur Zeit

Teil I

Das Dienstrecht der internationalen Organisationen

Es gibt staatliche und nichtstaatliche internationale Organisationen. Die nachfolgende Darstellung und die ausgewählten Begriffe im lexikalischen Teil des Bandes erstrecken sich nur auf das Dienstrecht der Organisationen, deren Mitglieder Staaten sind. Diese internationalen (zwischenstaatlichen) Organisationen, mit denen hier auch die supranationalen (überstaatlichen) Organisationen erfaßt werden sollen, erfüllen bestimmte, über die Grenzen des einzelnen Staates hinausgehende Aufgaben.

Ungeachtet vielfältiger Unterschiede im Dienstrecht der über einhundert bedeutenden internationalen Organisationen gibt es doch Bezugssysteme, nach denen sich die meisten internationalen Organisationen ausrichten. Man unterscheidet im internationalen Bereich drei große Dienstrechtskreise:

Das Dienstrecht der Europäischen Gemeinschaften (EG)

Es gilt für die Bediensteten ihrer Organe (Parlament, Rat, Kommission, Gerichtshof) sowie den Rechnungshof und den Wirtschafts- und Sozialausschuß − s. auch Anhang 1.

Das Dienstrecht der sogenannten Koordinierten Organisationen (KO)

Zu dem Kreis dieser Organisationen, die auf bestimmten Gebieten ihr Dienstrecht koordinieren, gehören die Europäische Weltraumorganisation (ESA), der Europarat, die Organisation für wirtschaftliche Zusammenarbeit und Entwicklung (OECD), die Nordatlantikpakt-Organisation (NATO), und die Westeuropäische Union (WEU). Weitere Organisationen, z.B. das Europäische Patentamt (EPA), wollen dem koordinierten System beitreten.

Das Dienstrecht im Bereich der Vereinten Nationen (VN)

Dieser, allgemein als *common system* bezeichnete Dienstrechtskreis, gilt für die VN-Bediensteten sowie für das Personal der meisten Sonderorganisationen, z.B. Allgemeines Zoll- und Handelsabkommen (GATT), Internationales Arbeitsamt (ILO), Organisation der Vereinten Nationen für Erziehung, Wissenschaft und Kultur (UNESCO), Ernährungs- und Landwirtschaftsorganisation der Vereinten Nationen (FAO), Weltgesundheitsorganisation (WHO).

Part I

The service regulations of international organizations

International organizations are either intergovernmental or non-governmental. The following account and the selected terms in the glossary relate only to the service regulations governing the staff of organizations whose members are States. These international (or intergovernmental) organizations, in this context embracing supranational organizations, serve specific purposes which transcend the borders of individual States.

Despite many differences in the service regulations of the more than one hundred major international organizations, there are nevertheless reference systems governing most international organizations. Three major systems can be distinguished in the international field:

The European Communities' (EC) system

This applies to the staff of Community institutions (the Parliament, Council, Commission, Court of Justice) and the staff of the Court of Auditors and of the Economic and Social Committee – see Appendix No. 1.

The Coordinated Organizations' (CO) system

The group of organizations which coordinate their service regulations in certain fields includes the European Space Agency (ESA), the Council of Europe, the Organization for Economic Cooperation and Development (OECD), the North Atlantic Treaty Organization (NATO) and the Western European Union (WEU). Other organizations such as the European Patent Office (EPO) intend to join the coordinated system.

The United Nations' (UN) system

Generally referred to as the "common system", this applies to UN staff as well as to the staff of most specialized agencies, e.g. the General Agreement on Tariffs and Trade (GATT), the International Labour Organisation (ILO), the United Nations Educational, Scientific and Cultural Organization (UNESCO), the Food and Agriculture Organization (FAO), the World Health Organization (WHO).

15

Die genannten Dienstrechtssysteme unterscheiden sich insbesondere im Status der Bediensteten sowie in ihrer Besoldung und sozialen Sicherheit einschließlich der Versorgung.

I. Das Dienstrecht der Europäischen Gemeinschaften (EG)

I.1 Rechtsgrundlage

Das Dienstrecht der bei den EG Beschäftigten ist im Statut der Beamten der Europäischen Gemeinschaften und den Beschäftigungsbedingungen für die sonstigen Bediensteten der Gemeinschaft geregelt; daneben können die Organe aufgrund entsprechender Ermächtigungen des Statuts Durchführungsbestimmungen erlassen.

I.2 Dienstverhältnis

Das Dienstverhältnis der Beamten wird durch Ernennung begründet. Die Ernennung zum Beamten auf Lebenszeit, der grundsätzlich eine Probezeit vorausgeht, erfolgt unter Einweisung in eine Planstelle. Die sonstigen Bediensteten werden durch Vertrag eingestellt. Hierunter fallen Bedienstete auf Zeit, Hilfskräfte, örtliche Bedienstete und Sonderberater.

I.3 Laufbahnstruktur

Die Dienstposten der Beamten sind in vier Laufbahngruppen eingeteilt. Die Laufbahngruppe A umfaßt Dienstposten des höheren Dienstes, für die Hochschulausbildung oder gleichwertige Berufserfahrung erforderlich ist. Darunter gibt es die Laufbahngruppe B für Beamte mit Sachbearbeitertätigkeit, Laufbahngruppe C und Laufbahngruppe D. Die Laufbahngruppe A umfaßt acht, die Laufbahngruppe B und C umfassen je fünf Besoldungsgruppen, die Laufbahngruppe D hat vier Besoldungsgruppen. Die Zahl der Dienstaltersstufen in den Besoldungsgruppen beträgt in der Regel acht. Nach einem Dienstalter von jeweils zwei Jahren steigen die Beamten automatisch in die nächsthöhere Dienstaltersstufe ihrer Besoldungsgruppe auf.

Der Sprachendienst ist in einer besonderen Laufbahngruppe zusammengefaßt, die im wesentlichen dem höheren Dienst entspricht. Auch die mit wissenschaftlichen und technischen Aufgaben betrauten Beamten gehören einer eigenen Laufbahn an, die in vier Laufbahngruppen unterteilt ist.

I.4 Rechte und Pflichten

Der Beamte hat sich bei der Ausübung seines Amtes und in seinem Verhalten ausschließlich von den Interessen der Gemeinschaften leiten zu lassen. Er darf von

These systems differ basically in regard to the status of the staff member, as well as in pay structure and social security provision, including pensions.

I. The European Communities' (EC) system

I.1 Legal basis

The terms of service of EC staff are governed by the Staff Regulations of Officials of the European Communities and the Conditions of Employment in the case of other servants of the Communities; furthermore, on the basis of powers in the Staff Regulations or Conditions of Employment the various institutions can issue provisions giving effect to these.

I.2 Employer/employee relationship

In the case of officials, the employer-employee relationship is based on an act of appointment issued by the appointing authority. Permanent appointment, normally preceded by a probationary period, takes place when an official is assigned to an established post. Other servants are employed on a contractual basis. These include temporary staff, auxiliaries, local staff and special advisers.

I.3 Careers

Officials' posts are divided into four categories. Category A consists of posts involving administrative or advisory duties for which a university education or equivalent professional experience is required. Below this there is a Category B for executive duties, and Categories C and D. Category A comprises eight grades while B and C each have five and D has four. Normally there are eight steps in each grade. After two years' seniority, officials automatically advance to the next step in their grade.

The language service forms a special category basically corresponding to the A grades. Scientific and technical staff also belong to a separate category divided into four grades.

I.4 Rights and obligations

An official must carry out his duties and conduct himself solely with the interests of the Communities in mind. He may neither seek nor take instructions from any

keiner Regierung, Behörde, Organisation oder Person außerhalb seines Organs Weisungen anfordern oder entgegennehmen. Gegen Beamte, die vorsätzlich oder fahrlässig die ihnen auferlegten Pflichten verletzen, können Disziplinarmaßnahmen ergriffen werden. Der Katalog der Rechte und Pflichten der Beamten gilt auch für die sonstigen Bediensteten, ausgenommen sind die örtlichen Bediensteten, deren Beschäftigungsbedingungen auf der Grundlage der örtlichen Vorschriften und Gepflogenheiten festgelegt werden.

Erwähnenswert ist auch die Ausgestaltung des Rechtsschutzes. Jeder Bedienstete kann sich mit Anträgen und Beschwerden an seine Anstellungsbehörde wenden. Für Streitsachen zwischen den Gemeinschaften und den Bediensteten ist der Gerichtshof der Europäischen Gemeinschaften zuständig.

Zu den Rechten im weiteren Sinne gehören auch die Beteiligungsrechte der Bediensteten. Das Statut sieht eine Reihe von – zum Teil paritätisch besetzten – Gremien vor (z.B. Personalvertretung, Disziplinarrat, Beurteilungsausschuß, Invaliditätsausschuß). Damit soll eine Beteiligung der Bediensteten in ihren Angelegenheiten sichergestellt werden.

Die Vertreter des Personals werden darüber hinaus im Rahmen eines besonderen Konzertierungsverfahrens vor Entscheidungen des Ministerrats zum Personalstatut (z.B. bei den Besoldungsanpassungen) beteiligt.

I.5 Vorrechte und Befreiungen

Das Protokoll über die Vorrechte und Befreiungen der Europäischen Gemeinschaften räumt den Beamten u.a. folgende Vergünstigungen ein:
Befreiung von der Gerichtsbarkeit hinsichtlich der von ihnen in ihrer amtlichen Eigenschaft vorgenommenen Handlungen einschließlich ihrer mündlichen und schriftlichen Äußerungen.
Befreiung von innerstaatlichen Steuern.
Zollfreie Ein- und Ausfuhr der Möbel und persönlichen Habe beim Amtsantritt bzw. beim Ausscheiden aus der Organisation.
Die Vorrechte und Befreiungen werden den Beamten nicht zu ihrem persönlichen Vorteil, sondern im Interesse der Organisation gewährt, um das einwandfreie Funktionieren der Organe der Gemeinschaften sicherzustellen.

I.6 Besoldung

Die Dienstbezüge enthalten Grundgehalt, Familienzulagen und andere Zulagen. Die Familienzulagen bestehen aus der Haushaltszulage in Höhe von 5% des Grundgehalts, der Zulage für unterhaltsberechtigte Kinder und der Erziehungszulage. Bedienstete, die nicht Staatsangehörige des Staates sind, in dessen Hoheitsgebiet sie ihre Tätigkeit ausüben, erhalten eine Auslandszulage in Höhe von 16% des Grundgehalts einschließlich Haushaltszulage sowie der Zulage für unterhaltsberechtigte Kinder.

government, authority, organization or person outside his institution. An official who fails to comply with his obligations under the regulations, whether intentionally or through negligence on his part, is liable to disciplinary action.

The list of the officials' rights and obligations also applies to other servants with the exception of local staff, whose conditions of employment are largely based on local statutory requirements and practice.

The appeals procedure is also noteworthy. Any official or other servant may submit requests and complaints to his appointing authority. The Court of Justice of the European Communities has jurisdiction in disputes between the Communities and the staff.

Rights in the wider sense also include the staff's right to participation. The Staff Regulations provide for a number of – in some cases joint – boards (e.g. the Staff Committee, Disciplinary Board, Reports Committee and Invalidity Committee). These are intended to give the staff a say in matters concerning them.

In addition, as part of a special consultation (dialogue) procedure the staff representatives are given a hearing prior to all Council decisions concerning the staff regulations (e.g. in connection with remuneration adjustments).

I.5 Privileges and immunities

The Protocol on Privileges and Immunities of the European Communities confers the following benefits on officials:

  immunity from legal proceedings in connection with actions performed in their official capacity, including oral and written statements

  exemption from national taxes

  import and export of furniture and personal effects free of customs duty on joining or leaving the organization.

Privileges and immunities are accorded not for the officials' personal benefit, but solely in the interests of the organization in order to ensure the smooth functioning of the Communities' bodies.

I.6 Remuneration

Remuneration consists of basic salary, family allowances and other allowances. Family allowances consist of household allowance amounting to 5% of basic salary, dependent child allowance and education allowance. Furthermore, staff who are not nationals of the State in whose territory the place where they are employed is situated receive an expatriation allowance equal to 16% of basic salary plus household allowance and dependent child allowance.

Um die unterschiedlichen Lebenshaltungskosten an den verschiedenen Dienstorten der Gemeinschaften auszugleichen und damit allen Bediensteten die gleiche Kaufkraft zu sichern, wird auf die Bezüge ein sogenannter Berichtigungskoeffizient angewandt. Brüssel und Luxemburg sind die Ausgangsbasis (= 100). Dementsprechend werden die in belgischen Franken ausgedrückten Dienstbezüge für die übrigen Dienstorte angepaßt. Die Dienstbezüge werden in der Währung des Landes ausgezahlt, in dem der Beamte tätig ist. Die Gehälter unterliegen einer internen Besteuerung zugunsten der EG.

I.7 Soziale Sicherheit

Die soziale Sicherheit umfaßt Leistungen des Dienstherrn in Fällen von Krankheit, Unfall, Invalidität, Mutterschaft oder Tod. Sie wird neben Besoldung oder Versorgung gewährt. Die Bediensteten tragen zur Finanzierung dieser Leistungen mit eigenem Anteil bei. Diese Regelungen gelten entsprechend für die Bediensteten auf Zeit. Die Hilfskräfte und örtlichen Bediensteten unterliegen grundsätzlich dem System der sozialen Sicherheit des Verwendungsortes.

I.8 Versorgung

Der Beamte wird in den Ruhestand versetzt, wenn er das 65. Lebensjahr vollendet hat. Auf eigenen Wunsch kann er schon mit 60 Jahren in den Ruhestand treten. Nach Ableistung von mindestens 10 Dienstjahren erwirbt der Beamte Anspruch auf ein Ruhegehalt. Das Höchstruhegehalt beträgt 70% des letzten Grundgehalts; es steht dem Beamten nach 35 ruhegehaltfähigen Dienstjahren zu. Hat der Beamte weniger ruhegehaltfähige Dienstjahre erreicht, ist das Ruhegehalt entsprechend niedriger.

Der Beamte, der bei seinem Ausscheiden aus dem Dienst noch keine Versorgungsansprüche erworben hat, erhält ein Abgangsgeld, das aus der abgeleisteten Dienstzeit und dem letzten Grundgehalt errechnet wird. Darüber hinaus werden ihm die von seinem Grundgehalt monatlich einbehaltenen Versorgungsbeiträge zurückgezahlt.

Die Hinterbliebenenversorgung umfaßt Witwen- und Waisengeld. Das Witwengeld beträgt 60% des Ruhegehalts.

Die Versorgungsbezüge werden aus dem Haushalt der Gemeinschaften gezahlt. Die Bediensteten tragen zu einem Drittel zur Finanzierung der Versorgung bei. Der Beitrag der Bediensteten beträgt 6,75% des Grundgehalts und wird monatlich einbehalten.

Remuneration is subject to a weighting designed to adjust differences in the cost of living at the various places of employment and thus ensure all staff the same purchasing power. The base rate is 100% (in Brussels and Luxembourg). Remuneration expressed in Belgian francs is adjusted accordingly for the other places of employment. It is paid in the currency of the country where the official is employed. Salaries are subject to an internal tax for the benefit of the EC.

I.7 Social security

"Social security" comprises a number of benefits payable by the employer in the event of illness, accident, invalidity, maternity or death in addition to salary or pension. These arrangements apply *mutatis mutandis* to temporary staff. Normally auxiliary and local staff are covered by the national social security scheme at the place of employment.

I.8 Pensions

Officials are retired on reaching the age of 65, and may retire at 60 if they so wish. An official becomes entitled to a pension on completion of ten years' service. The maximum pension is 70% of his last basic salary and is payable after 35 years' pensionable service. If an official has fewer years' pensionable service, his pension is correspondingly lower.

An official who is not entitled to a pension on leaving the service receives a severance grant calculated in accordance with his length of service and last salary. Furthermore, the monthly pension contributions deducted from his salary are refunded.

Survivors' pensions are payable to widows and orphans. Widow's pension is 60% of the retirement pension.

Pensions are a charge on the Communities' budget. Staff contribute one-third of the cost of pensions, currently 6.75% of basic salary, deducted monthly.

Die Bediensteten auf Zeit erhalten beim Ausscheiden aus dem Dienst ein Abgangsgeld. Im Falle des Todes oder der Dienstunfähigkeit wird eine an die Statutsvorschriften der Beamten angelehnte Versorgung gewährt. Die Hilfskräfte und Ortskräfte sind der staatlichen Sozialversicherungseinrichtung angeschlossen.

II. Das Dienstrecht der Koordinierten Organisationen (KO)

Das Dienstrecht der Koordinierten Organisationen weist nur auf Teilgebieten Gemeinsamkeiten auf, weil diese Organisationen unabhängig voneinander und zum Teil in großem zeitlichen Abstand gegründet worden sind. Einem einheitlichen System unterliegen nur die Besoldung und Versorgung. Alle Fragen zur Besoldung und Versorgung der Bediensteten werden in dem »Koordinierungsausschuß« vor der erforderlichen Entscheidung der Räte beraten, damit sichergestellt ist, daß gleiche Regelungen für alle Organisationen gelten. Der Koordinierungsausschuß besteht aus Vertretern der Mitgliedstaaten und Vertretern der Generalsekretäre. Die einstimmigen Empfehlungen der Vertreter der Mitgliedstaaten bilden die Grundlage für die Ratsentscheidungen.

Im einzelnen ist zu bemerken:

II.1 Rechtsgrundlage

Jede Organisation hat ihr eigenes Personalstatut. Daneben gibt es Durchführungsbestimmungen der Generalsekretäre, die auf Ermächtigungen der Statuten beruhen.

II.2 Dienstverhältnis

Im Unterschied zu den Europäischen Gemeinschaften kennen die Koordinierten Organisationen den Beamten nicht. Eine Ausnahme macht nur das Europäische Patentamt (EPA), dessen Mitgliedschaft im Kreis der Koordinierten Organisationen noch nicht beschlossen ist. Die Bediensteten der Koordinierten Organisationen werden – vom EPA abgesehen – durch Vertrag angestellt, wobei befristete Verträge und unbefristete Verträge möglich sind. In der Regel wird den Bediensteten zunächst ein Zeitvertrag angeboten, ehe später die Umwandlung in einen Vertrag auf unbestimmte Zeit erfolgt.

II.3 Laufbahnstruktur

Bei den Koordinierten Organisationen gibt es vier Laufbahngruppen: A, B, C und L (Sprachendienst). Die Laufbahngruppe A (höherer Dienst) hat sieben Besoldungsgruppen, die Laufbahngruppe B (Sachbearbeiter) und die darunter liegende Laufbahngruppe C haben jeweils sechs Besoldungsgruppen; der Sprachendienst umfaßt fünf Besoldungsgruppen.

Temporary staff receive a severance grant on leaving the service. Pensions along the lines of those provided for in the Staff Regulations of officials are payable in the event of death or invalidity. Auxiliary staff and local staff are covered by the social security scheme of the host State.

II. The service regulations of the Coordinated Organizations (CO)

The service regulations of the Coordinated Organizations have features in common only in certain areas, as these organizations were established independently of each other, and in some cases with considerable intervals in between. Unity is confined to the system on which pay and pensions are based. All matters relating to the organizations' pay and pension schemes are discussed in a "Co-ordinating Committee" before decisions (which are mandatory) are taken by the Councils, in order to ensure that the same arrangements apply to all the organizations. The Co-ordinating Committee consists of representatives of the Member States and of the Secretaries-General. The unanimous recommendations by the Member States' representatives provide the basis for Council decisions.

The following points should be noted:

II.1 Legal basis

Each organization has its own set of regulations, and normally there are "rules" issued by the Secretaries-General on the authority of the regulations to give effect to these.

II.2 Employer/employee relationship

Unlike the European Communities, the Coordinated Organizations do not have permanently appointed officials. The only exception is the European Patent Office (EPO), whose affiliation to the Coordinated Organizations has not yet been decided. The staff of the Coordinated Organizations – apart from the EPO – are appointed on a contractual basis, the contracts being either limited-term or indefinite. Normally staff are offered a fixed-term contract in the first instance before the contract is converted into a permanent one.

II.3 Careers

There are four categories in the Coordinated Organizations, A, B, C and L (Language Service). Category A has seven grades, while categories B and C each have six and the Language Service five.

Die einzelnen Besoldungsgruppen sind in maximal elf Dienstaltersstufen unterteilt. Der Bedienstete rückt in den ersten Jahren seiner Tätigkeit jährlich eine Dienstaltersstufe auf, die letzten vier bzw. fünf Dienstaltersstufen werden im Zwei-Jahres-Rhythmus durchlaufen. Für den Sprachendienst gelten geringfügige Abweichungen.

II.4 Rechte und Pflichten

Die Ausgestaltung der Rechte und Pflichten ist in den Statuten der einzelnen Organisationen im großen und ganzen gleich. Jeder Bedienstete ist auf die Aufgaben der Organisation verpflichtet. Er ist dem Generalsekretär gegenüber verantwortlich und an dessen Weisungen gebunden. Die Folgen von Pflichtverstößen sind im wesentlichen wie bei den EG geregelt.

Der Rechtsschutz der Bediensteten ist gewährleistet. Alle Koordinierten Organisationen haben einen Beschwerdeausschuß, der mit unabhängigen, in Rechtsangelegenheiten qualifizierten Persönlichkeiten aus den Mitgliedstaaten besetzt ist. Jeder Streitfall, der sich bei Auslegung oder Anwendung des Personalstatuts und der Dienstverträge im Einzelfall ergibt, kann von dem Bediensteten vor den Beschwerdeausschuß gebracht werden.

Die Personalvertretung hat die Aufgabe, die Zusammenarbeit zwischen der Organisation und ihren Bediensteten zu pflegen und die Interessen der Bediensteten gegenüber der Organisation zu vertreten. Unabhängig von den Bestimmungen des Dienstrechts bestehen Berufsverbände der Bediensteten, die sich als Gewerkschaften der Bediensteten betrachten.

II.5 Vorrechte und Befreiungen

Im wesentlichen wie bei den EG.

II.6 Besoldung und Versorgung

Wie bereits erwähnt, ist das Besoldungs- und Versorgungssystem bei den Koordinierten Organisationen gleich. Neben dem Grundgehalt werden eine Haushaltszulage in Höhe von 6% des Grundgehalts, eine Kinderzulage bzw. Erziehungszulage sowie eine Auslandszulage in Höhe von 20% des Grundgehalts für Verheiratete und 16% für die übrigen Bediensteten gezahlt. Bei den meisten Organisationen unterliegen die Gehälter keiner internen Besteuerung. Im Ergebnis spielt die interne Besteuerung keine Rolle, weil die Nettogehälter bei allen Koordinierten Organisationen gleich sind.

The individual grades are subdivided into a maximum of eleven steps. Staff members advance one step every year in the initial years of employment, while the last four or five steps are spaced at two-yearly intervals. There are slight differences in the case of the Language Service.

II.4 Rights and obligations

On the whole, the rights and obligations laid down in the staff regulations of the individual organizations are the same. All staff members are pledged to the aims of the organization; they are answerable to the Secretary-General and are bound by his instructions. Neglect of duty or misconduct is dealt with in much the same way as at the EC.

Redress in the event of complaints or appeals is guaranteed. All Coordinated Organizations have an Appeals Board whose members are independent legal experts from the Member States. Any dispute arising from the interpretation or application of the staff regulations or contracts in individual cases may be brought before the Appeals Board by the staff.

The task of the staff representatives is to promote cooperation between the organization and its staff and to represent the staff's interests *vis-à-vis* the organization. Independently of the rules and regulations there are staff associations which regard themselves as staff unions.

II.5 Privileges and immunities

Basically the same as at the EC.

II.6 Pay and pensions; social security

As already stated, all Coordinated Organizations have the same pay structure and pension scheme. In addition to basic salary, household allowance amounting to 6% of basic salary, dependent child's allowance, education allowance and an expatriation allowance amounting to 20% of basic salary in the case of married staff, and 16% in the case of others, are payable. In most organizations salaries are not subject to any internal tax. Ultimately internal tax is of no consequence, as net salaries are the same in all Coordinated Organizations.

Da die Koordinierten Organisationen und deren Dienststellen in verschiedenen Ländern Westeuropas ihren Sitz haben, muß die einheitliche Kaufkraft der Gehälter an allen Dienstorten sichergestellt werden. Ausgehend von der Basis Brüssel (= 100), werden die Gehälter in den anderen Dienstorten außerhalb Belgiens durch Anwendung sogenannter geographischer Preisindizes festgelegt. Für jedes Land, in dem eine Organisation oder Dienststelle einer Koordinierten Organisation ihren Sitz hat, sind Besoldungstabellen in der jeweiligen Landeswährung aufgestellt worden.

Wie bei den Europäischen Gemeinschaften gibt es ein Versorgungssystem, das aus dem Haushalt der Organisationen finanziert wird. Der Beitragsanteil der Bediensteten beträgt 7% des Grundgehalts. Die Altersgrenze wird mit 65 Jahren erreicht; mit Vollendung des 60. Lebensjahres kann der Bedienstete freiwillig in den Ruhestand treten. Der Höchstsatz des Ruhegehalts, der nach 35 Dienstjahren erreicht wird, beträgt 70% des letzten Grundgehalts. Ein Versorgungsanspruch wird nach Ableistung von 10 Dienstjahren erworben. Scheidet der Bedienstete vorher aus, erhält er ein Abgangsgeld. Das Witwengeld beträgt 60% des Ruhegehalts.

II.7 Soziale Sicherheit

Für die soziale Sicherheit haben die Bediensteten allgemein Anspruch auf besondere Zahlungen in Geburts-, Krankheits- und Todesfällen. Die Leistungen erfolgen entweder durch die Organisation selbst oder durch Versicherungsunternehmen, mit denen die Organisationen Verträge für die Bediensteten abgeschlossen haben. Die Bediensteten beteiligen sich an den Beiträgen. Die Leistungen der Organisationen bzw. der Versicherungsunternehmen entsprechen im großen und ganzen denen der Europäischen Gemeinschaften.

III. Das Dienstrecht im Bereich der Vereinten Nationen (VN)

Das Dienstrecht aller den Vereinten Nationen zugerechneten Organisationen (VN-Familie) wird als gemeinsames VN-System (sogenanntes *common system*) bezeichnet. Damit soll ein möglichst einheitliches Dienstrecht in der VN-Familie erreicht werden, also auch bei den völkerrechtlich autonomen Sonderorganisationen. Grundlage der Beziehungen zwischen den Vereinten Nationen und den Sonderorganisationen sind »Abkommen über gegenseitige Beziehungen und Zusammenarbeit«, in denen unter anderem die Zusammenarbeit auf dem Gebiet des Dienstrechts festgelegt ist. Diese Bemühungen haben bisher aber nicht zu einheitlichen Vorschriften geführt. Jede Organisation hat die Regelungen der Vereinten Nationen mit mehr oder weniger großen Abweichungen in ihr eigenes Dienstrecht umgesetzt. Die wichtigen Bereiche Besoldung und Versorgung haben jedoch eine einheitliche Grundlage.

Since the Coordinated Organizations and their offices are scattered throughout Western Europe, uniform purchasing power must be ensured for salaries at all duty stations. On the basis of Brussels (= 100), salaries in all other duty stations outside Belgium are determined by means of a geographical price index. For every country where an organization or an office of a Coordinated Organization is located, salary scales have been compiled in the national currency concerned.

As in the case of the European Communities, there is a pension scheme financed by the organization's budget. The employee's contribution is 7% of basic salary. Pensionable age is reached at 65, although voluntary retirement is possible at 60. The maximum pension payable after 35 years service is 70% of the last basic salary. Entitlement to pension is acquired after 10 years service. If the staff member leaves earlier, he receives a severance grant. Widow's pension is 60% of retirement pension.

II.7 Social security

As regards social security, there is a general entitlement to special payments in the event of birth, sickness and death. The payments are made either by the organization itself or by insurance companies with which the organizations have taken out employees' policies to which the staff members contribute. The benefits paid by the organization or the insurance companies, as the case may be, are broadly similar to those of the European Communities.

III. The service regulations of the United Nations and the specialized agencies

The service regulations of all United Nations' organizations (the UN family) are referred to as the "common system". This is intended to achieve as far as possible standard terms of service in the UN family including the specialized agencies, which have independent status in international law. "Relationship agreements", instituting cooperation in regard to terms of service, form the basis of relations between the United Nations and the specialized agencies. So far these endeavours have not resulted in standard texts. Each organization has incorporated the UN terms of service with greater or lesser differences in its own set of service regulations. The major fields of pay and pensions have a uniform basis.

III.1 Rechtsgrundlage

Das Dienstrecht ist in den Personalstatuten und den dazu erlassenen Durchführungsbestimmungen geregelt.

III.2 Dienstverhältnis

Die Bediensteten werden durch Vertrag angestellt, wobei eine Anstellung auf Zeit in verschiedener Form oder auf Dauer möglich ist. Regelmäßig ist eine Probezeit abzuleisten.

III.3 Laufbahnstruktur

Innerhalb der VN-Familie gibt es in der Hauptsache zwei Laufbahngruppen: Die Laufbahngruppe P (*Professional*) und höhere (vergleichbar der Laufbahngruppe A im EG- und KO-Bereich) und die Laufbahngruppe Allgemeiner Dienst (GS, d.h. *General Service*) (vergleichbar den Laufbahngruppen B und C im EG- und KO-Bereich). Daneben gibt es noch das Personal der Hilfsdienste (MW, d.h. *Manual Worker*) und des Felddienstes (FS, d.h. *Field Service*). Bei letzterem handelt es sich vorwiegend um technische und Verwaltungsfunktionen, die bei »*Field Missions*« außerhalb der Hauptdienststellen (*established offices*) ausgeübt werden.

Die eigentliche Laufbahngruppe P besteht aus fünf Besoldungsgruppen. Ferner sind hierzu noch zwei darüber liegende Besoldungsgruppen auf Direktorenebene zu rechnen (deshalb die Bezeichnung »P und höhere«). Die Zahl der Besoldungsgruppen im Allgemeinen Dienst ist nicht einheitlich, da die Besoldung auf der Basis der örtlichen Bedingungen des Dienstortes der Organisation festgelegt wird.

Mit den vorwiegend in Entwicklungsländern zur Durchführung der VN-Programme eingesetzten Experten werden befristete Verträge abgeschlossen. Experten und beigeordnete Sachverständige sind hinsichtlich der Besoldung der Laufbahngruppe P angeglichen. Die Vertragsdauer ist von Art und Umfang des durchzuführenden Projekts abhängig.

III.4 Rechte und Pflichten

Der Katalog der allgemeinen Rechte und Pflichten deckt sich im wesentlichen mit dem der anderen Organisationen.

Die Personalstatuten enthalten darüber hinaus Bestimmungen über den Rechtsschutz der Bediensteten gegenüber Entscheidungen der jeweiligen VN-Organisation. Das Verfahren läuft in der Regel in zwei Phasen ab: Zunächst Überprüfung der Entscheidung durch einen Beschwerdeausschuß, der der Verwaltung eine Empfehlung

III.1 Legal basis

The terms of service are governed by the staff regulations and the rules issued to give effect to these.

III.2 Employer/employee relationship

Staff members are appointed on contract, either on a temporary (various forms) or on a permanent basis. Normally a probationary period must be completed.

III.3 Careers

Within the UN family there are two categories: "professional and higher" (P category), comparable with the A category at the EC and CO, the "General Service" (GS) category, comparable with the B and C categories at the EC and CO; in addition, there is a "Manual Worker" (MW) category (manual service duties) and a Field Service (FS) category. Field Service Officers are recruited for mainly technical and administrative duties at Field Missions away from established offices.

P category proper consists of five grades, to which two higher grades at Director level should be added. (Hence the term "P category and higher"). The number of grades in the GS category is not uniform, since pay is determined on the basis of local conditions at the organization's duty station.

Fixed-term contracts are concluded with experts who are recruited mainly in developing countries to implement UN programs. Experts and associate experts are paid according to the P-category scale. The duration of their contracts depends on the nature and scope of the projects to be implemented.

III.4 Rights and obligations

The list of general rights and obligations largely corresponds to those elsewhere.

In addition, the staff regulations and rules contain provisions concerning staff appeals against decisions by the UN organization concerned. Normally there are two stages to the procedure: initially the decision is examined by an appeals board, which issues a recommendation to the Director General of the organization for the settlement of the dispute; if the staff member disagrees with the subsequent decision, he is

für die Beilegung des Streitfalles ausspricht. Falls der Bedienstete mit der dann getroffenen Entscheidung nicht einverstanden ist, hat er die Möglichkeit, das Verwaltungsgericht der Vereinten Nationen anzurufen. Für die Bediensteten der in Europa gelegenen Organisationen der Vereinten Nationen ist in diesen Fällen das Verwaltungsgericht der Internationalen Arbeitsorganisation in Genf zuständig.

Bei jeder Organisation werden ein Personalrat sowie besondere Ausschüsse gebildet. Die Aufgabe des Personalrats besteht hauptsächlich darin, aus seiner Mitte die Personalvertretung zu wählen, die Gesprächspartner der Organisation ist. Die Befugnisse der Personalvertretung und der Ausschüsse sind beratender Natur. Wie bei den EG und KO bestehen auch hier Berufsverbände der Bediensteten.

III.5 Vorrechte und Befreiungen

Im wesentlichen wie bei den EG.

III.6 Besoldung und Versorgung

Die Dienstbezüge der VN-Bediensteten bestehen aus dem Grundgehalt, dem Kaufkraftausgleich und verschiedenen Zulagen.

Die Grundgehälter und Zulagen der Bediensteten der Laufbahngruppe P und höhere sind bei allen VN-Organisationen gleich. In jeder Besoldungsgruppe gibt es eine bestimmte Zahl von Dienstaltersstufen, die zum Teil in Jahres-, zum Teil in Zweijahressprüngen durchlaufen werden. Voraussetzung für den Übergang in die nächste Dienstaltersstufe ist der Nachweis befriedigender Leistungen. Besonders hervorzuheben ist der Kaufkraftausgleich, durch den die unterschiedlichen Lebenshaltungskosten in den einzelnen Dienstorten und auch Währungsschwankungen ausgeglichen werden. Er macht in bestimmten Dienstorten inzwischen einen beträchtlichen Teil des Gehalts aus.

Es wird eine organisationsinterne Lohnsteuer erhoben, die von den Grundgehältern und den darauf basierenden Zulagen, also nicht vom Kaufkraftausgleich, berechnet wird.

Neben dem Grundgehalt werden unter bestimmten Voraussetzungen eine Familienzulage und Erziehungsbeihilfe für Kinder in Ausbildung bis zum 21. Lebensjahr gewährt.

Die Besoldung der Bediensteten des Allgemeinen Dienstes und der Hilfsdienste richtet sich nach bestmöglichen Beschäftigungsbedingungen am Dienstort.

Die Versorgungsbezüge werden aus dem Gemeinsamen Pensionsfonds der Vereinten Nationen geleistet. Die Bediensteten zahlen einen Beitrag in Höhe von 7% der ruhegehaltfähigen Dienstbezüge; die Organisation zahlt 14%. Die ruhegehaltfähigen Dienstbezüge werden für die Laufbahngruppen P und höhere und Laufbahngruppe FS in den Gehaltstabellen gesondert ausgewiesen. Die Bediensteten des Allgemeinen Dienstes und der Hilfsdienste gehören in der Regel der nationalen Sozialversicherungseinrichtung des jeweiligen Sitzlandes der VN-Organisation an.

at liberty to appeal to the United Nations Administrative Tribunal. The Administrative Tribunal of the International Labour Organization in Geneva has jurisdiction in appeals from the staff members of organizations of the UN family located in Europe.

A staff council and special committees are formed in every organization. The main purpose of the Staff Council is to elect the Staff Committee from among its number, the Staff Committee being the body for contact with the organization. The Staff Committee and other special committees have advisory powers. As at the EC and CO, there are staff associations.

III.5 Privileges and immunities

Basically the same as at the EC.

III.6 Pay and pensions; social security

UN staff remuneration consists of basic salary, post adjustment and various allowances.

The basic salaries and allowances of staff members in the P category and higher are the same for all UN organizations. Each grade has a certain number of steps spaced at annual or biennial intervals. Evidence of satisfactory performance is a requirement for passage from one step to the next. Of particular significance is the post adjustment, whereby differences in the cost of living at the various duty stations and also exchange rate fluctuations are compensated. The post adjustment at certain duty stations now accounts for a considerable proportion of salary.

An internal tax or "staff assessment" is deducted from basic salary and the allowances based thereon, but not from the post adjustment.

In addition to basic salary, in certain circumstances dependency allowance and education grant in respect of children undergoing education or training up to the age of 21, are payable.

GS and MW category staff are paid according to the "best prevailing conditions" in the locality.

Pensions are paid from the UN Joint Staff Pension Fund. Staff members pay contributions amounting to 7% of pensionable remuneration; the organization pays 14%. In the case of P category and higher, and FS, pensionable remuneration is shown separately in the salary tables. GS and MW category staff are normally covered by the national social security scheme of the UN body's particular host country.

Für die Versorgungsleistungen aus dem Fonds muß – abgesehen vom Todesfall oder Eintritt der Dienstunfähigkeit – eine Mindestdienstzeit von fünf Jahren erfüllt sein. Scheidet ein Bediensteter aus dem Pensionsfonds aus, erhält er eine Abfindung.

Ein Ruhegehalt wird gezahlt, wenn ein Bediensteter mit einem Alter von 60 Jahren oder – in Ausnahmefällen – später in den Ruhestand tritt. Das Höchstruhegehalt beträgt 65% des Durchschnitts der ruhegehaltfähigen Dienstbezüge in den letzten drei Jahren vor Eintritt in den Ruhestand. Es wird nach 35 Dienstjahren erreicht.

Unter bestimmten Kürzungen ist ein vorzeitiges Ruhegehalt im Alter von 55 Jahren oder ein bis zum Pensionsalter zurückgestelltes Ruhegehalt möglich. Wie bereits erwähnt, kann auch im gegebenen Falle eine Abfindung gewährt werden. Das Witwengeld beträgt 50% des Ruhegehalts.

III.7 Soziale Sicherheit

Die Bediensteten können zur Absicherung im Krankheitsfall Gruppenversicherungen beitreten, die von der Organisation für ihre Bediensteten abgeschlossen sind.

IV. Allgemeine Bemerkungen zum Wortgut und den Erläuterungen

Die Auswahl des Wortgutes ist im wesentlichen auf die drei Dienstrechtskreise der EG, der KO und der VN beschränkt worden. Soweit einzelne Benennungen typisch für einen bestimmten Dienstrechtskreis sind, wird darauf bei den betreffenden Wortstellen mit den Herkunftsbezeichnungen EG, KO oder VN hingewiesen. Diese Hinweise schließen jedoch nicht aus, daß dieselbe Benennung auch in anderen Organisationen benutzt wird.

Da sich die drei Dienstrechtskreise eigenständig entwickelt haben, ist

teilweise trotz identischer Begriffe eine abweichende Benennung, z.B. Dienstort = *place of employment* (EG) und *(official) duty station* (KO, VN),

teilweise trotz mangelnder Begriffsidentität dieselbe Benennung, z.B.: *staff association* = Berufsverband einerseits, und Personalvereinigung (institutionelles Organ innerhalb der Organisation) andererseits,

in den englischsprachigen Statutstexten vorzufinden.

Für die deutschen Begriffe ergab sich diese Schwierigkeit nicht, da nur im EG-Bereich Deutsch Amtssprache ist. Es sei aber betont, daß die gewählten Benennungen nicht ohne weiteres mit den Begriffsinhalten aus dem nationalen Dienstrecht belegt werden dürfen, denn es handelt sich hier nicht um einen Vergleich des Dienstrechts der internationalen Organisationen mit dem nationalen Dienstrecht.

Nicht unerwähnt soll die Problematik bleiben, die sich bei der Übersetzung des deutschen Begriffs »Dienstrecht« zeigte, denn es fand sich kein ausreichend deckungsgleiches Äquivalent. Am nächsten kommt die im Titel des Handbuchs gewählte Benennung *service regulations*. An anderen Stellen ist »Dienstrecht« je nach Textzusammenhang mit *service regulations, terms of service* oder *system* wiedergegeben worden.

Death or invalidity apart, there is a five-year qualifying period for benefits from the Fund. If a staff member leaves, he receives a withdrawal settlement.

Pension is payable when a staff member retires at 60 or, in exceptional cases, later. The maximum pension is 65% of the average pensionable remuneration in the last three years prior to retirement and is reached after 35 years' service.

Early retirement pension at age 55 is payable with certain reductions, as well as a lump sum payment in respect of acquired pension rights on departure before the age of 60. Widow's pension amounts to 50% of the retirement pension.

III.7 Social security

The United Nations offers its staff sickness coverage through group insurance arranged by the organization for the staff on favourable terms. On average, 80% of costs are covered by group insurance benefits.

IV. General remarks on the vocabulary and notes

The vocabulary selected has been restricted basically to the three systems, EC, CO and UN. Where individual terms are typical of a particular system, this is indicated in the entries concerned by means of letters designating their origin, EC, CO or UN, but these do not imply that the same terms are not used in other organizations as well.

Since the three systems of service regulations have developed independently of each other, the English versions of the source documents sometimes have
    different terms for the same concept, e.g. place of employment (EC) and (official) duty station (CO and UN) *(Dienstort)*;
    the same term for concepts which are not identical, e.g. staff association *(Berufsverband)* on the one hand, and staff association *(Personalvereinigung)* on the other (in reference to an institutional body within the organization).
This difficulty does not arise in the case of the German concepts, since German is an official language only at the EC. It should, however, be emphasized that the terms selected cannot be automatically identified with concepts from national civil service sources, for the purpose of the manual is not to compare the service regulations of international organizations with national civil service regulations.

We must not fail to mention the problem that arose in the translation of the German concept *Dienstrecht.* No sufficiently comprehensive equivalent could be found. The closest approximation is the expression chosen for the title of the manual, "service regulations". In other places *Dienstrecht* has been rendered, according to the context, by "service regulations", "terms of service" or "system".

Teil II
I. Allgemeine Begriffe

Part II
General Terms

1 Dienstrecht n.

$\pm$ service regulations;
terms of service;
(regulatory) system

(die Gesamtheit der gegenseitigen Rechte und Pflichten der Organisation und des Bediensteten)

(the body of mutual rights and obligations governing the relations between the organization and its employees)

2 Europäische Gemeinschaften fpl. (EG)

= European Communities (EC)

3 Koordinierte Organisationen fpl. (KO)
(z.Zt. bestehend aus OECD, Europarat, NATO, ESA, WEU; Aufnahmeantrag: EZMW, EPA; die Koordinierung erstreckt sich auf die Besoldung und Versorgung der Bediensteten der Organisation; s.a. Koordinierungsausschuß – Nr. 414)

= Coordinated Organizations (CO)

(currently consisting of OECD, the Council of Europe, NATO, ESA and WEU; ECMWF and EPO have applied to join; coordination extends to pay and pensions of the organization's staff; cf. Co-ordinating Committee – No. 414)

4 VN-Familie f.; VN-Bereich m.
(zusammenfassende Bezeichnung für die mit den Vereinten Nationen verbundenen Unterorganisationen, Sonderorganisationen und anderen Institutionen)

= UN family
(comprehensive term for the subordinate organizations, specialized agencies and other institutions linked to the UN)

5 Sonderorganisationen fpl. (der VN)

= specialized agencies (of the UN)

6 Mitgliedstaat m.

= Member State

7 Sitz m. (der Organisation)

= seat (of the organization)

8 öffentlicher Dienst

= public service; civil service

9 Personal-Statut n.

= (set of) (staff) regulations; terms of service; staff regulations
(staff rules e.g. WEU; service regulations e.g. EPO)

(erlassen von den obersten Beschlußgremien der jeweiligen Organisation, das sind die Räte oder Generalversammlungen)

(adopted by the competent decision-making body of each organization, that is the Council or the General Assembly)

10	Beschäftigungsbedingungen fpl.	= conditions of employment

11 Durchführungsbestimmungen fpl. zum Personalstatut
(erlassen von der Verwaltung aufgrund des jeweiligen Personalstatuts)

= (staff) rules; rules of application; (implementing) provisions (EC); staff regulations (e.g. WEU)
(issued by the administration on the basis of the staff regulations)

11a dienstrechtliche Bestimmungen; ~ Vorschriften

= (regulatory) texts; service regulations

12 Übergangsvorschriften fpl.

= transitional provisions

13 Anwendungsbereich m.

= scope

14 Rechtsstellung f. des Bediensteten

= legal status of staff member

15 Personal n.

= staff; personnel

16 Bedienstete(r) m.
(jedes Personalmitglied, das aus dem Personalhaushalt der Organisation bezahlt wird)

= staff member
(any member of the staff who is paid out of the personnel budget of the organization)

17 internationaler Bediensteter; »internationaler Beamter«
(im VN-Personalstatut erwähnt; in der Umgangssprache häufig verwendet für die Bediensteten internationaler Organisationen)

= international civil servant
(referred to in the UN staff regulations; frequently used in everyday language referring to members of the staff of international organizations)

18 Beamte(r) m.

(durch eine Urkunde der Anstellungsbehörde unter Einweisung in eine Dauerplanstelle zum Beamten ernannt worden; nur im EG-System und beim EPA)

= official (EC);
permanent employee (EPO)
(appointed to a permanent established post by an instrument of the appointing authority; only in the EC system and EPO)

19 europäischer Beamter

(kein Rechtsbegriff, aber in der Umgangssprache häufig verwendet für die Beamten der EG)

= European official;
~ civil servant
(not a legal term, but freqently used in everyday language referring to officials of the EC)

20 sonstige Bedienstete mpl.
(der EG)
(Bezeichnung für EG-Bedienstete, die nicht den Status eines Beamten haben,

= other servants (of the EC)
(term for servants of the EC who do not possess the status of permanent officials

sondern in einem Vertragsverhältnis stehen. [Bedienstete auf Zeit, Hilfskräfte, örtliche Bedienstete und Sonderberater]) but are under contract [temporary staff, auxiliary staff, local staff and special advisers])

21 **Fachkraft** f.; = expert
   Sachverständige(r) m.

22 **Berater** m. = consultant
   (für eine bestimmte Aufgabe, meist kurzfristig beschäftigt; unterliegt i.d.R. nicht dem Personalstatut der betreffenden Organisation) (engaged for a special task, usually for a short period; not normally subject to the staff regulations of the institution concerned)

23 **Rechtsberater** m. = legal adviser

24 **Sonderberater** m. = special adviser
   (wegen seiner außergewöhnlichen Qualifikationen und ungeachtet anderweitiger beruflicher Tätigkeiten eingestellt, um der Organisation seine Dienste regelmäßig oder während bestimmter Zeitabschnitte zur Verfügung zu stellen; für EG s. Nr. 20) (engaged by reason of his exceptional qualifications and notwithstanding other gainful activities to assist the organization regularly or for a specified period; for EC see No. 20)

25 **örtlicher Bediensteter;** = (member of) local staff
   Ortskraft f.
   (auf der Grundlage der örtlichen Vorschriften und Gepflogenheiten für manuelle oder Hilfstätigkeiten beschäftigt) (employed in accordance with local legislation and practice for manual or service duties)

26 **Arbeiter** m. = manual worker

27 **Hilfskraft** f. (EG) = (member of) auxiliary staff (EC)
   (wird in der seiner Befähigung entsprechenden Laufbahngruppe für eine begrenzte Zeit tätig und erhält seine Bezüge aus pauschal bereitgestellten Mitteln; s. Nr. 20) (engaged for a limited period in the category corresponding to his ability and paid from separate non-staff appropriations; see No. 20)

28 **Bedienstete** mpl. **auf Zeit** = temporary staff

29 **Arbeitgeber** m. **(Dienstherr)** = employer

30 **Behörde** f. = authority

31 **Beschäftigungsbehörde** f. = employing authority

32 **Amtssitz** m. = official seat; headquarters (UN)

33	Dienststelle f.	± office

34 Dienstort m.;   = place of employment (EC);
Ort m. der dienstlichen Verwendung   duty station (CO);
official duty station (UN)

35 Wohnsitz m.   = domicile

36 Wohnort m.   = place of residence

37 »Ausländer« m. (KO)   = non-resident official (CO)
(als besoldungsrechtlich relevanter   (for pay purposes)
Begriff)

38 »Inländer« m. (KO)   = resident official (CO)
(als besoldungsrechtlich relevanter   (for pay purposes)
Begriff)

39 Dienstgeschäft n.   = official business

40 Amtssprache f.   = official language
(von den Mitgliedstaaten einer interna-   (designated for official use by the mem-
tionalen Organisation für den offiziellen   bers of an international organization)
Gebrauch vereinbart)

41 Arbeitssprache f.   = working language
(Sprache, in der gearbeitet werden darf;   (a language the use of which is
ist in der Regel auch Amtssprache)   authorized; it is normally an official
language.)

42 Nationalitätenproporz m.   = nationality ratio
(Grundsatz der angemessenen Vertei-   (principle of equitable distribution of
lung von Dienstposten auf Angehörige   posts among the nationals of Member
der Mitgliedstaaten)   States)

43 geographische Verteilung   = geographical distribution
(Grundsatz der angemessenen Vertei-   (principle of equitable distribution of
lung von Dienstposten nach geographi-   posts in accordance with geographical cri-
schen Gesichtspunkten)   teria)

44 erwünschte Größenordnung der Per-   = desirable range (UN)
sonalquote (VN)
(Anzahl der Dienstposten, die den ein-   (number of posts allocated to the in-
zelnen Mitgliedstaaten für ihre Staatsan-   dividual Member States for their
gehörigen im wesentlichen auf der Basis   nationals essentially on the basis of popu-
des Bevölkerungs- und Beitragsanteils   lation and contribution to the budget)
zustehen)

45	gemeinsames VN-System (VN)	=	common system (UN)

45 **gemeinsames VN-System (VN)**
(Bezeichnung für die bei den VN und deren Sonderorganisationen gleichermaßen geltenden Grundsätze des Dienstrechts, insbesondere auf dem Gebiet der Besoldung und Versorgung)

= common system (UN)
(term applied to the common principles underlying the terms of service of the UN and its specialized agencies, particularly in the field of pay and pensions)

46 **Abkommen n. über gegenseitige Beziehungen und Zusammenarbeit (bei den VN)**
(Verträge zwischen den VN und den einzelnen Sonderorganisationen zur Regelung der gegenseitigen Beziehungen z.B. auf dem Gebiet der Besoldung und Versorgung; s. Nr. 45)

= relationship agreements (UN)

(agreements between the UN and the individual specialized agencies governing their mutual relations, e.g. in the field of pay and pensions; see No. 45)

47 **Personalbestand** m.

= total staff

48 **Personalangelegenheiten** fpl.

= staff matters

II. Das Dienstverhältnis

Employer-employee relationship

1. Allgemeines, Begründung, Art und Dauer

General features, basis, nature and duration

49 **Dienstverhältnis** n.;
Beschäftigungsverhältnis n.

= employer-employee relationship

50 **Urkunde** f.

= instrument

51 **Ernennungsurkunde** f.;
Anstellungsschreiben n.

= instrument of appointment;
letter of appointment

52 **planmäßige Anstellung;**
feste ~
(Ernennung eines Beamten unter Einweisung in eine (Dauer)planstelle; EG)

= establishment

(appointment of an official to an established post; EC)

53 **Ernennungsbehörde** f.;
Anstellungsbehörde f.

= appointing authority

54 **Ernennung** f.; **Anstellung** f.;
~ **auf Dauer;**
unbefristete ~;
befristete ~;

~ **auf Zeit;**
~ **auf Probe**

= appointment;
permanent ~; regular ~;
indefinite ~;
fixed-term ~; limited-term ~;
definite-term ~;
temporary ~;
probationary ~

55	Einstellung f.	= engagement; recruitment
56	Beamte(r) m. auf Lebenszeit (EG, EPA)	= established official (EC); permanent employee (EPO)
57	Beamte(r) m. auf Probe (EG, EPA)	= probationer official (EC); employee on probation (EPO)
58	Bedienstete(r) m. auf Probe	= staff member on probation
59	eingestufte Bedienstete mpl. (Bedienstete, die innerhalb der Besoldungstabelle eingestuft sind)	= graded or classified staff (staff classified within the salary scale)
60	nicht eingestufte Bedienstete mpl. (Bedienstete, die oberhalb der Besoldungstabelle vergütet werden, z.B. Generalsekretär)	= ungraded or unclassified staff (staff remunerated at a level above the salary scale, e.g. Secretary-General)
61	Planstelle f.; freie ~	= established post; vacant ~
62	Planstelle f. besetzen	= to fill an established post
63	Einweisung f. in eine Planstelle	= assignment to an established post
64	Verringerung f. der Zahl der freien Planstellen	= reduction in the number of vacant posts; staff cut
65	Dienstposten m.	= post
66	Stellenplan m.	= list of posts
67	Stellenbeschreibung f.; Dienstpostenbeschreibung f.	= job description; description of post
68	Stellenbewertung f.; Dienstpostenbewertung f.	= job classification; classification of post
69	Vertrag m.	= contract
70	Vertrag m. auf unbestimmte Zeit; unbefristeter Vertrag	= indefinite-term contract; permanent contract
71	Zeitvertrag m.; befristeter Vertrag	= limited-term contract; fixed-term contract; definite-term contract

72	Probezeit f.	= probationary period
73	(eine) Probezeit ableisten	= to serve a probationary period
74	Dienstzeit f.	= period of service; length of service
75	Dienstalter n.	= seniority
76	Teilzeitbeschäftigung f.	= part-time employment
77	Halbtagsbeschäftigung f.	= half-time employment
78	Sonderdienstvertrag m. (VN) (Vertrag zwischen den VN und ihren Beratern, Gutachtern oder Fachkräften)	= special service agreement (UN) (contract between the UN and their advisors, consultants or experts)

II.2 Einstellungsverfahren — Recruitment procedure

79	Einstellung f.	= recruitment
80	Einstellungsbedingungen fpl.	= conditions of recruitment
81	Auswahlverfahren n.; (durch Wettbewerb) internes ~ (nur für Angehörige der Organisation)	= selection procedure; (by competition) internal ~ ~ (open only to staff members)
82	Stellenausschreibung f. (zur Besetzung eines freien Dienstpostens)	= notice of vacant posts; vacancy notice (to fill a vacant post)
83	Bewerber m.	= applicant; candidate
84	Bewerbung f.	= application
85	Bewerbungsunterlagen fpl.	= candidates' files
86	Ausbildung f.; Schulausbildung f.; Hochschulausbildung f.; Berufsausbildung f.	= training; school education; university education; vocational training
87	Befähigung f.	= ability
88	Befähigungsnachweis m.	= qualifications
89	fachliches Können	= competence

40

90	Berufserfahrung f.; gleichwertige ~	= professional experience; equivalent ~ ~
91	Sicherheitsüberprüfung f.	= security clearance
92	Dienstantritt m.	= entry into service
93	Gelöbnis n.; Diensteid m. (VN) (bei der Einstellung gegenüber der Organisation abzugebende feierliche Loyalitätserklärung)	= solemn declaration; oath (UN) (solemn declaration of loyalty to the organization made on appointment)

II.3 Laufbahn

Career

94	Laufbahn f.; Karriere f. (im Sinne des gesamten Berufswegs innerhalb der Organisation)	= career (in the sense of entire career in the organization)
95	Laufbahn f. (Berufsweg innerhalb einer Laufbahngruppe)	= career bracket (career within a category)
96	Laufbahngruppe f. (Zusammenfassung von Dienstposten und der damit verbundenen Besoldungsgruppen entsprechend ihrer Bedeutung in verschiedene Kategorien – s. Anhänge 2, 3 und 4)	= category (grouping of posts and the relevant salary grades into various categories in accordance with their importance – see appendices No. 2, 3 and 4)
97	Laufbahngruppe f. D (EG), einfacher Dienst (Dienstposten mit manuellen oder Hilfstätigkeiten)	= category D (EC) (posts involving manual or service duties)
98	Laufbahngruppe f. C (EG, KO), mittlerer Dienst (Dienstposten mit Büro- oder technischen Aufgaben unterhalb des gehobenen Dienstes)	= category C (EC, CO) (posts involving clerical or technical duties below category B)
99	Laufbahngruppe f. B (EG, KO), gehobener Dienst (Dienstposten mit Sachbearbeitertätigkeit, die höhere Schulbildung oder gleichwertige Berufserfahrung erfordert)	= category B (EC, CO) (posts involving executive duties which require an advanced level of secondary education or equivalent professional experience)

100 **Laufbahngruppe f. A (EG, KO);**
Laufbahngruppe f. P und
höhere (VN),
höherer Dienst
(Dienstposten, die Hochschulausbildung
oder gleichwertige Berufserfahrung er-
fordern)

= **category A (EC, CO);**
professional (category P)
and higher categories (UN)
(posts requiring a university education or
equivalent professional experience)

101 **Laufbahngruppe f. GS (VN),**
Allgemeiner Dienst,
mittlerer/gehobener Dienst
(umfaßt Bedienstete, die als Sachbearbeiter, Büro- und Schreibkräfte etc. tätig
sind)

= **GS category (UN),**
General Service
(comprises staff employed on executive
or clerical duties etc.)

102 **Hilfsdienste** mpl. **(VN)**
(vorwiegend mit körperlichen Arbeiten
befaßt)

= **manual workers (UN)**
(largely engaged in manual work)

103 **Laufbahngruppe f. FS (VN)**
(s. Nr. 105 – erstreckt sich vom Boten-
dienst bis zu Aufgaben des höheren
Dienstes)

= **FS category (UN)**
(see No. 105 – ranges from messenger to
administration duties)

104 **Sprachendienst** m.
(i.d.R. in einer besonderen Laufbahngruppe zusammengefaßt)

= **language service**
(normally grouped in a special category)

105 **Felddienst (VN)** m.
(Tätigkeit von VN-Personal hauptsächlich in technischen und Verwaltungsfunktionen bei *Field Missions,* d.h. außerhalb der Hauptdienststellen)

= **Field Service (UN)**
(activity of UN personnel for mainly
technical and administrative duties at
Field Missions away from established offices)

106 **Abordnung f. zu besonderem Außen-**
dienst (VN)

= **special mission assignment (UN)**

107 ≠

Üv.: Berufsanfänger m. im Entwick-
lungsdienst der Vereinten Nationen
(in den Außenstellen der VN-Sonderor-
ganisationen tätiger Bediensteter, der
mit der Betreuung von Entwicklungs-
programmen befaßt ist)

junior professional officer (UN)

(staff member at local offices of UN
specialized agencies entrusted with the
implementation of development programs)

107a **Bediensteter** m. **der Laufbahngruppe**
FS (VN)

= **field service officer (UN)**

108 Assistent m. einer Fachkraft (VN); Beigeordneter Sachverständiger (s. Fachkraft Nr. 21)	= associate expert (UN) (see expert No. 21)
109 Dienstposten m. »im Feld« (VN) (s. Nr. 105)	= duty station in the field (UN) (see No. 105)
110 Leistung f.	= efficiency; performance
111 Beurteilung f. (der Befähigung, Leistung und Führung); Beurteilende(r) m.; Beurteilte(r) m.	= staff report, conduct~, performance~ (relating to ability, efficiency and conduct); assessor; the official assessed
112 Beurteilungszeitraum m.	= reference period of staff report
113 Mindestdienstzeit f. (z.B. als Voraussetzung für die Ernennung zum Beamten auf Lebenszeit (EG), für Beförderungen sowie für den Anspruch auf Ruhegehalt)	= minimum period of service (e.g. condition for appointment as an established official (EC), for promotion and for pension entitlement)
114 Ausbildung f.; Fortbildung f.	= training; further training
115 Beförderung f.	= promotion
116 Aufstieg m. in eine höhere Laufbahngruppe (Wechsel von einer Laufbahngruppe in die höhere nach bestimmten, von der Organisation festgelegten Kriterien)	= promotion to a higher category (change from one category to a higher category in accordance with criteria laid down by the organization)
117 aufsteigen	= to advance

II.4 Abordnung und Versetzung

Secondment and Transfer

118 Abordnung f.	= secondment
119 Entsendung f. (Beurlaubung zu einer internationalen Organisation ohne Bezüge)	= secondment (unpaid leave to serve in an international organization)
120 abgeordneter Beamter; entsandter ~	= seconded official

121 **Versetzung** f. (nur möglich innerhalb einer Organisation, z.b. vom Rat der EG zur Kommission der EG, nicht aber von Organisation zu Organisation, z.b. vom Rat der EG zur OECD)	= **transfer** (only possible within the same organization, e.g. from the Council of the EC to the Commission of the EC, but not from one organization to another, e.g. from the Council of the EC to OECD)
122 **vorübergehende Verwendung** (siehe auch Nr. 263)	= **temporary posting** (see also No. 263)
123 **Beurlaubung** f. **zum Wehrdienst**	= **leave for military service**

II.5 Beendigung des Dienstverhältnisses

Termination of service

124 **Beendigung** f. **des Dienstverhältnisses;** **Ausscheiden** n. **aus dem Dienst**	= **termination of service**
125 **Ruhestand** m.; **Eintritt** m. **in den ~;** **Versetzung** f. **in den ~**	= **retirement**
126 **einstweiliger Ruhestand** (z.B. im EG-Bereich bei einer Verringerung der Zahl der Planstellen möglich; während eines Zeitraums von zwei Jahren hat der Beamte ein Recht auf Wiederverwendung)	= **non-active status** (possible in the EC, e.g. following a reduction in the number of established posts; for a period of two years the official has the right to reinstatement)
127 **aktiver Dienst**	= **active employment**
128 **Amtszeit** f.	= **term of office;** **~ of service**
129 **Abberufung** f.; **Rückberufung** f.	= **withdrawal**
130 **Stellenenthebung** f. **aus dienstlichen Interessen (EG)** (endgültiges Ausscheiden aus dem Dienst mit bestimmter Vergütung und späterem Ruhegehalt; beschränkt auf Spitzenbeamte des höheren Dienstes)	= **retirement in the interests of the service (EC)** (termination of service with an interim allowance and subsequent pension; confined to officials at director level and above)
131 **Abschaffung** f. **von Dienstposten**	= **abolition of posts**
132 **Verlust** m. **des Arbeitsplatzes**	= **loss of job**

44

133 **Kündigung** f.	=	notice of termination (e.g. of a contract)
134 **Kündigungsfrist** f.	=	period of notice
135 **kündigen**	=	to terminate
136 **Entlassung** f.	=	dismissal
137 **Entlassung** f. auf Antrag	=	resignation
138 **Entlassung** f. (von Amts wegen)	=	compulsory resignation; dismissal
139 **Entlassung** f. wegen unzulänglicher Leistungen	=	dismissal for incompetence
140 aus dienstlichen Interessen npl.	=	in the interests of the service
141 **Auflösung** f. eines Vertrags	=	termination of a contract by agreement
142 **Verlängerung** f. eines Vertrags	=	extension, renewal of a contract
143 **Auslaufen** n. (Ablauf) eines Zeitvertrags	=	expiry of a fixed-term contract

III. Die rechtliche Stellung des Bediensteten

The legal status of the staff member

1. Rechte und Pflichten der Bediensteten

Rights and obligations of staff members

144 dienstrechtliche Stellung	=	administrative status
145 **Pflichten** fpl. und Verantwortlichkeiten fpl.	=	duties and responsibilities
146 dienstliche Führung; dienstliches Verhalten	=	conduct in the service
147 **Amtsverschwiegenheit** f.	=	discretion
148 **Geheimhaltungspflicht** f. (bezogen auf Umgang mit Verschlußsachen)	=	secrecy obligation (relates to the handling of classified documents)

149 Genehmigung f. für Aussagen vor Gericht
(Aussagegenehmigung)

= permission to disclose information in court proceedings
(permission to give evidence)

150 Annahme f. von Belohnungen oder Geschenken

= acceptance of gratuities or gifts

151 Anzeigepflicht f.
(z.B. für Änderungen in den persönlichen Verhältnissen)

= obligation to notify
(e.g. changes in personal circumstances)

152 Ausübung f. eines Amtes

= performance of official duties

153 Weisungen fpl.

= instructions

154 Weisungsbefugnis f.

= authority to give instructions

155 Vorgesetzte(r) m.

= superior;
supervisor (UN)

156 Dienstobliegenheiten fpl.;
Dienstpflichten fpl.

= official obligations

157 Verschulden n.;
schwerwiegendes ∼
(bei der Ausübung des Dienstes)

= misconduct;
serious ∼
(in connection with the performance of duties)

158 Pflichtverstoß m.

= neglect of duty; misconduct

159 Haftung f.

= liability

160 Nebentätigkeit f.;
Nebenbeschäftigung f.

= outside activity;
∼ occupation

161 Arbeitszeit f.

= hours of work

162 Arbeitszeit, regelmäßige

= normal hours of work

163 Arbeitsbedingungen fpl.
(tatsächliche Umstände, unter denen die Arbeit verrichtet wird)

= working conditions
(actual conditions in which work is performed)

164 Arbeitsbereitschaft f.
(am Arbeitsplatz oder zu Hause)

= standby duty
(at place of work or at home)

165 Bereitschaftsdienst m.
(als Einrichtung)

= standby service
(as an institution)

166	**Bereitschaftsdienst** m. (Personal)	= skeleton staff
167	**Schichtdienst** m.	= shift work
168	**Arbeitsniederlegung** f.	= stoppage
168a	**Streik** m.	= strike
169	**Fernbleiben** n. vom Dienst; ~ ~ ~, unbefugtes	= absence from duty; ~ ~ ~, unauthorized
170	**Dienstbefreiung** f.	= compensatory leave; special leave; release from duty
171	**Dienstbefreiung** f. zur Abgeltung von Überstunden	= compensatory leave in lieu of payment for overtime
172	**Zeitausgleich** m. (z.B. für Überstunden)	= compensatory time (off) (e.g. for overtime)
173	**dienstfreier Tag**	= day off
174	**Feiertag, gesetzlicher**	= official public holiday
175	**Vereinigungsrecht** n.; **Vereinigungsfreiheit** f.	= right of association; freedom of ~
176	**wohlerworbene Rechte** npl.; **Besitzstand** m.	= acquired rights; vested ~
177	**Wahlrecht, aktives**	= right to vote
178	**Wahlrecht, passives**	= right to stand for election
179	**Amtsbezeichnung** f. (Zuordnung einer Funktion zu einer bestimmten Besoldungsgruppe)	= title of post (term for the allocation of a certain function to a particular grade)
180	**Personalakte** f.	= personal file
181	**Beistand** m. **leisten** (folgt aus der Pflicht, Bedienstete gegen Angriffe wegen ihrer Zugehörigkeit zur Organisation zu schützen)	= render assistance (stems from the institution's obligation to assist staff in the event of threats or attacks resulting from their employment)
182	**Urlaub** m.	= leave

183 Gewährung f. von Urlaub	= granting of leave
184 Beurlaubung f.	= leave of absence
185 Heimaturlaub m.	= home leave
186 Jahresurlaub m.	= annual leave
187 Krankheitsurlaub m.	= sick leave
188 Krankheitsurlaub m. ohne ärztliches Attest	= sick leave without medical certificate
189 Sonderurlaub m. (unterschiedliche Regelungen, auch hinsichtlich der Bezahlung, in den einzelnen Organisationen)	= special leave (different rules, including rules regarding pay, in the various organizations)
190 Mutterschaftsurlaub m.	= maternity leave
191 Urlaub m. aus persönlichen Gründen	= leave on personal grounds; ∼ for personal reasons
192 Urlaubsvorweggewährung f.	= granting of advanced annual leave
193 Vorrechte npl. und Befreiungen fpl. (beruhen auf Abkommen der Organisationen mit den Mitgliedstaaten und gewähren Erleichterungen u.a. hinsichtlich der Gerichtsbarkeit, des Steuer- und Zollwesens und der Devisenvorschriften)	= privileges and immunities (these are based on agreements between the organization and Member States and grant facilities in the fields of jurisdiction, taxation, customs and exchange regulations etc.)

III.2 Bezüge, Kostenerstattung   Emoluments, expenses

194 Bezüge pl.; Dienstbezüge pl.	= emoluments; remuneration; pay (and allowances)
195 Gehalt n.	= salary; pay
196 Bruttogehalt n.	= gross pay
197 Nettogehalt n.	= net pay
198 steuerfreie Dienstbezüge pl.	= tax-free remuneration
199 Besoldung f.	= pay; remuneration
200 geltende Gehaltssätze mpl.	= current rates of pay

201 Besoldungsanpassung f.; Gehaltsanpassung f.	=	pay adjustment; salary adjustment; remuneration adjustment
202 Besoldungserhöhung f.; Gehaltserhöhung, reale	=	salary increase; pay increase; salary increase in real terms
203 Besoldungsanpassungsverfahren n. (s. Nr. 211)	=	pay (remuneration) adjustment procedure (see No. 211)
204 Besoldungsniveau n.	=	level of remuneration
205 Besoldungsgruppe f.	=	grade
206 Einstufung f. (in eine Besoldungsgruppe); ~ in eine andere (höhere oder niedrige- re) Besoldungsgruppe; Höherstufung f.; Zurückstufung f.	=	grading; regrading; upgrading; downgrading
207 Eingangsbesoldungsgruppe f.; Eingangsamt n. (einer Laufbahn)	=	starting grade
208 Anrechnung f. von Dienstzeiten	=	reckoning of length of service
209 Besoldungstabelle f.; Gehaltstabelle f.	=	salary scale; pay scale; table of salaries
210 Gehaltsabrechnung f.	=	salary statement
211 Gehaltsüberprüfung f. (in der Regel jährlich zur Anpassung der Dienstbezüge an die Entwicklung der Lebenshaltungskosten und der Kauf- kraft; s. Nr. 203)	=	salary review; review of remuneration (normally annual, with a view to adjust- ing remuneration to cost of living and purchasing power trends; see No. 203)
212 Gehaltsvorschuß m.	=	advance of salary
213 Neufestsetzung f. der Gehälter	=	re-assessment of salaries
214 Lohn m.	=	wages
215 Zahlung f.; Nachzahlung f.; Rückzahlung f.	=	payment; back pay; repayment

216	Festbetrag m.; Sockelbetrag m. (bei Besoldungserhöhungen)	=	lump sum (fixed amount) (in connection with pay increases)
217	Höchstbetrag m.	=	maximum rate
218	Mindestbetrag m.	=	minimum rate
219	Pauschalbetrag m.	=	flat-rate amount
220	Abtretung f. (z.B. von Schadensersatzansprüchen)	=	assignation (e.g. of claims for damages)
221	Lebenshaltungskosten pl.	=	cost of living
222	Lebensstandard m.	=	standard of living
223	amtlicher Wechselkurs	=	official exchange rate
224	Kaufkraft f.	=	purchasing power
225	Anpassung f. (der Gehälter) an die Entwicklung der Lebenshaltungskosten	=	cost of living adjustment

226 **Berichtigungskoeffizient m. (EG)**
(dient dem Ausgleich der unterschiedlichen Lebenshaltungskosten an den verschiedenen Dienstorten der EG, wobei Brüssel und Luxemburg die Ausgangsbasis (= 100) ist. Dementsprechend werden die in belgischen Franken ausgedrückten Dienstbezüge angepaßt.)

= **weighting (EC)**
(is used to adjust differences in the cost of living at the various EC duty stations, Brussels and Luxembourg being taken as the reference base (= 100). Remuneration, which is expressed in Belgian francs, is adjusted accordingly.)

227 **gemeinsamer Index (EG)**
(ein vom Statistischen Amt der EG im Einvernehmen mit den Statistischen Ämtern der Mitgliedstaaten festgestellter Index zur Ermittlung der durchschnittlichen Entwicklung der Gehälter des öffentlichen Dienstes in den Mitgliedstaaten)

= **joint index (EC)**
(an index compiled by the Statistical Office of the EC in agreement with the national statistical offices of the Member States, reflecting the general average trend of salaries in the public service in the Member States)

228 **geographische Preisindizes mpl. (KO)**
(dienen der Sicherstellung der einheitlichen Kaufkraft der Gehälter bei den Koordinierten Organisationen in den einzelnen Dienstorten)

= **geographical price indices (CO)**
(are designed to ensure uniform purchasing power for CO staff in the various places of employment)

229 **Kaufkraftausgleich m. (VN)**
(Gehaltszuschläge bzw. Gehaltsabschläge zur Gewährleistung eines einheitlichen Realeinkommens in den einzelnen Dienstorten; Ausgangspunkt für den Vergleich der unterschiedlichen Preisverhältnisse in den einzelnen Dienstorten ist New York.)

= **post adjustment (UN)**
(additions to or reductions from salary to ensure a uniform real income level at the various duty stations; the reference point for comparing the different price levels at the various duty stations is New York.)

230 **Lohn- und Gehaltsmasse f. pro Kopf**

= **aggregate per capita earnings**

231 **bestmögliche Beschäftigungsbedingungen fpl. am Dienstort (KO, VN)**
(dienen als Vergleichsgrundlage für die Festsetzung der Besoldung unterer Gruppen bei den KO und den VN)

= **best prevailing conditions of employment in the locality of the duty station (CO, UN)**
(used as a basis of comparison for determining the pay of lower grades in the CO and the UN)

232 **Bezugszeitraum m.**
(z.B. im Zusammenhang mit Gehaltsanpassung)

= **reference period**
(e.g. in connection with salary adjustment procedure)

233 **Durchschnitt m.;**
gewichtetes Mittel;
gewichteter Durchschnitt

= **average;**
weighted ∼

234 **Gewichtung f.**

= **weighting**

235 **öffentlicher Bereich**

= **public sector**

236 **Privatwirtschaft f.**

= **private sector**

237 **Übersicht f.; Überprüfung f. (KO)**
(im Zusammenhang mit dem Gehaltsanpassungsverfahren bei den KO)

= **survey (CO)**
(in connection with the salary adjustment procedure in the CO)

238 **Realsteigerung f.;**
Realverminderung f.

= **increase in real terms;**
decrease in real terms

239 **Bezugsgrundlage f. (VN)**
(für die Berechnung des Kaufkraftausgleichs in anderen Dienstorten als New York bei den UN)

= **base level (UN)**
(for calculation of the post adjustment at duty stations other than Headquarters in the case of the UN)

240 **Grundgehalt n.**

= **basic salary**

241 **Dienstaltersstufe f.; Gehaltsstufe f.**

= **step; incremental step**

241a erste Dienstaltersstufe/Gehaltsstufe einer Besoldungsgruppe (Eingangsstufe)	= first, lowest step of a grade
241b letzte Dienstaltersstufe/Gehaltsstufe einer Besoldungsgruppe (Endstufe)	= highest step of a grade
241c Einstufung f. in eine niedrigere Dienstaltersstufe/Gehaltsstufe bei Beförderung in eine höhere Besoldungsgruppe	= classification at a lower step on promotion to a higher grade
241d Aufsteigen n. in den Dienstaltersstufen	= advancement to a higher step
242 Steigerungsbetrag m. (Unterschied zwischen Dienstaltersstufen innerhalb einer Besoldungsgruppe)	= increment (difference between steps within the same salary grade)
243 Zulage f.	= allowance
244 Pauschalzulage f.	= fixed allowance
245 Einmalzahlung f.	= lump sum
246 Zuschlag m.	= supplement
247 Zuschuß m.	= subsidy
248 Beihilfe f.	= grant
249 Unterhaltspflicht f.	= responsibility for maintenance (EC)
250 unterhaltsberechtigte Person	= dependent
251 Ehegatte m; Ehegattin f.	= spouse
252 Familienzulagen fpl.	= family allowances (EC, CO); dependency allowances (UN)
253 Haushaltszulage f. (EG, KO) (Teil der Familienzulagen)	= household allowance (EC, CO) (component of family allowances)
254 Zulage f. für unterhaltsberechtigte Kinder, Kinderzulage f. (EG, KO) (Teil der Familienzulagen)	= dependent child's allowance (EC, CO) (component of family allowances)

255 **Erziehungszulage f. (EG, KO)**
(Teil der Familienzulagen);
Erziehungsbeihilfe f. (VN)

= education allowance (EC, CO)
(component of family allowances);
~ grant (UN)

256 **Zulage f. für behindertes Kind**

= allowance for handicapped child

257 **Herkunftsort m.**

= place of origin

258 **Auslandszulage f.**
(wird im VN-Bereich nur der Laufbahn-gruppe GS gewährt)

= expatriation allowance (EC, CO);
non-resident's allowance (UN)
(payable only to GS-category)

259 **Trennungszulage f. (EG, VN)**

= separation allowance (EC);
assignment allowance (UN)

260 **Mietzulage f. (EG, KO)**
(nur unter bestimmten Vorausset-zungen, z.B. im EG-Bereich bei schwieri-gen Wohnverhältnissen an bestimmten Orten)

= rent allowance (EC, CO)
(only in certain circumstances, e.g. in the EC in places where the problem of ac-commodation is recognized to be dif-ficult)

261 **Mietzuschuß m. (VN)**
(wird an bestimmten Dienstorten bei be-sonders schwierigen Wohnverhältnissen als Zuschlag zum Kaufkraftausgleich ge-zahlt)

= rental subsidy (UN)
(payable as a supplement to the post ad-justment at duty stations where rents are exceptionally high)

262 **Fahrtkostenzulage f.**
(bei schwierigen Beförderungsverhältnis-sen zwischen Wohnung und entlegener Arbeitsstätte)

= transport allowance
(where conditions of travel between place of residence and place of work are dif-ficult owing to the distances involved)

263 **Stellenzulage f. für vorübergehende höherwertige Tätigkeit**

= temporary posting allowance (EC);
extra duties allowance (CO);
acting allowance (CO);
special post allowance (UN)

264 **Pauschale f. für Überstunden**

= flat-rate payment for overtime

265 **Sprachenzulage f. (KO, VN)**
(nur für bestimmte Besoldungsgruppen unterhalb der Laufbahngruppe A [KO] bzw. P [VN])

= language allowance (CO, UN)
(only for certain grades below category A [CO] or P [UN] respectively)

266 **Sekretariatszulage f. (EG, KO)**
(wird im EG-Bereich und teilweise auch im KO-Bereich als Pauschalzulage gewährt)

= secretarial allowance (EC, CO)
(in the EC and in some cases in the CO payable as a flat-rate allowance)

267 Unterhaltszulage f. für abgeordnete Bedienstete im Außendienst (der VN) s. Nr. 106; (tritt an die Stelle von Trennungszulage, Einrichtungsbeihilfe und Kaufkraftausgleich)

= mission subsistence allowance (of the UN) see No. 106; (in lieu of assignment allowance, installation grant and post adjustment)

268 Ausgleichszulage f.
(wird insbesondere zur Besitzstandswahrung gewährt)

= compensatory allowance
(payable particularly in order to preserve acquired rights)

269 Aufwandsentschädigung f.

= entertainment allowance (EC, CO);
representation ~ (CO, UN)

270 Zulage f. für Nachtarbeit

= night-work allowance;
night differential

271 Arbeiten fpl., beschwerliche

= work of a particularly arduous nature

272 Einrichtungsbeihilfe f.

= installation allowance (EC, CO);
~ grant (UN)

273 Wiedereinrichtungsbeihilfe f.

(dient der Erleichterung eines Wohnsitzwechsels nach endgültigem Ausscheiden aus dem Dienst)

= resettlement allowance;
repatriation grant (UN)
(payable to assist with resettlement on final termination of service)

274 Entschädigung f.

= indemnity

275 Erstattung f.
(z.B. von Reisekosten)

= reimbursement
(e.g. of travel expenses)

276 Rückforderung f. zuviel gezahlter Beträge

= recovery of overpayments

277 Besteuerung, interne
(statt nationaler Besteuerung von einigen Organisationen aufgrund entsprechender Bestimmungen in den jeweiligen Protokollen über Vorrechte und Befreiungen auf die Bezüge der Bediensteten angewandt)

= internal taxation
(applied by some organizations instead of national tax to the remuneration of staff members on the basis of various protocols concerning privileges and immunities)

278 Gemeinschaftssteuer f. (EG)
(Die Dienstbezüge der EG-Bediensteten und -Versorgungsempfänger unterliegen der EG-internen Gemeinschaftssteuer.)

= Community tax (EC)
(The salaries of EC staff and pensioners are subject to an internal tax known as "Community tax".)

279 Lohnsteuer f. (VN)
(Die VN-Grundgehälter und die darauf basierenden Zulagen, nicht jedoch der Kaufkraftausgleich, unterliegen der VN-internen Steuer.)

= staff assessment (UN)
(The UN basic salaries, and the allowances based on them, without the post adjustment, are subject to an internal tax referred to as "staff assessment".)

280 steuerpflichtig

= liable to tax

281 Dienstreise f.

= mission; travel on duty;
official travel

282 auf Dienstreise f.

= travelling on mission;
∼ on duty;
∼ on official business

283 Dienstreisekosten pl.

= mission expenses

284 Reisekosten pl.

= travel expenses;
∼ costs

285 Reisekostenvorschuß m.

= travel advance

286 Fahrkosten pl.

= travel expenses

287 Tagegeld n.

(schließt in der Regel die Übernachtungskosten ein)

= (daily) subsistence allowance;
travel allowance
(normally includes costs of overnight stay)

288 Zu- und Abgangskosten pl. (VN)

= terminal expenses (UN)

289 Umzugskosten pl.

= removal expenses;
∼ costs

290 Wegstreckenentschädigung f.;
Kilometergeld n.
(für Dienstfahrten mit eigenem Pkw)

= allowance per kilometre

(for use of a private car on official business)

III.3 Soziale Sicherheit

Social security

291 soziale Sicherheit
(umfaßt Leistungen in Fällen von Krankheit, Unfall, Invalidität, Mutterschaft oder Tod; sie werden neben Besoldung oder Versorgung gewährt; die Bediensteten tragen zur Finanzierung dieser Leistungen mit eigenem Anteil bei.)

= social security
(covers benefits in the event of sickness, accident, invalidity, maternity or death; payable in addition to remuneration or pension; staff contribute towards the cost of benefits.)

292 Arbeitsunfähigkeit f.	= incapacity for work
293 Arbeitsunfall m.; Dienstunfall m.	= accident at work
294 Berufskrankheit f.	= occupational disease
295 Invalidität f.; Dienstunfähigkeit f.; volle ∼; teilweise ∼; dauernde ∼	= invalidity; incapacity for work; total ∼; partial ∼; permanent ∼
296 Kur f.	= cure
297 nationale Sozialversicherungseinrichtung	= national social security system
298 Krankenversicherung f.	= health insurance; sickness ∼
299 Zusatz-Krankenversicherung f.	= supplementary health insurance
300 Krankenkasse f.	= health insurance fund
301 Unfallversicherung f.	= accident insurance
302 Sozialversicherungsbeitrag m.	= social security contribution
303 Arbeitgeberbeiträge mpl.	= employer's contributions
304 Arbeitnehmerbeiträge mpl.	= employee's contributions
305 Krankenkassenbeitrag, freiwilliger	= voluntary sickness contribution
306 Erstattung f. von Krankheitskosten	= reimbursement of medical expenses
307 Gruppenversicherung f. (zwischen vielen Organisationen und privaten Versicherungsunternehmen abgeschlossen zur Deckung der Leistungen für die soziale Sicherheit des Bediensteten)	= group health insurance scheme (arranged between many organizations and private insurance companies to cover the cost of employee's social security benefits)
308 Leistungen fpl.	= benefits

309 erstattungsfähig
(sind nur die in den jeweiligen Katalogen aufgeführten Leistungen)

= eligible for reimbursement
(only benefits listed in the relevant schedules)

310 Geburtenzulage f.

= birth grant

311 Entschädigung f. für den Verlust des Arbeitsplatzes (KO)

= indemnity for loss of job (CO)

III.4 Versorgung

Pensions

312 Versorgung f.

= pensions;
retirement benefit (UN)

313 Versorgungssystem n.

= pension system

314 Versorgungsordnung f.

= pension scheme

315 Versorgungsansprüche mpl.

= entitlement to pension

316 Versorgungsberechtigte(r) m.

= person entitled to a pension

317 Versorgungsempfänger m.;
Pensionär m.

= pensioner;
person in receipt of a pension

318 Versorgungsbezüge pl.;
Pension f.

= pension;
pension income

319 Versorgungsleistung f.
(wird entweder aus dem Haushalt der Organisation oder aus einem Fonds erbracht)

= pension; benefit
(provided either from the organization's budget or from a pension fund)

320 Altersgrenze f.
(vorgeschriebenes Lebensalter für das Ausscheiden aus dem Dienst)

= retirement age
(prescribed age for retiring)

321 Pensionsalter m.
(Lebensalter, bei dessen Vollendung nach Ausscheiden aus dem Dienst ein Ruhegehalt bezogen werden kann)

= pensionable age
(age from which, after retirement, pension can be drawn)

322 Amtsarzt m.

= medical officer

323 Ruhegehalt n.

= retirement pension;
~ benefit (UN)

324 Höchstruhegehalt n.

= maximum retirement pension

325 Höhe f. des Ruhegehalts = rate of retirement pension

326 ruhegehaltfähige Dienstbezüge pl.
(Als Berechnungsbasis dient bei den EG und KO das Grundgehalt, das dem Beamten zuletzt zugestanden hat; bei den VN die durchschnittliche Höhe der in der Satzung des Gemeinsamen VN-Pensionsfonds definierten ruhegehaltfähigen Dienstbezüge in den letzten drei aktiven Dienstjahren.)

= pensionable remuneration
(In the EC and the CO the basis of calculation is the official's last basic salary, in the UN it is the average pensionable remuneration − as defined in the regulations of the United Nations Joint Staff Pension Fund − received over the last three years of actual service.)

327 Durchschnittsbezüge pl.
der letzten Dienstjahre (VN) (siehe Nr. 326)

= final average (pensionable) remuneration (UN) (see No. 326)

328 ruhegehaltfähige Dienstjahre npl. = years of pensionable service

329 ruhegehaltfähige Dienstzeit f. = pensionable service

330 Versorgungsanwartschaft f. = deferred pension entitlement

331 Ruhegehalt n. bei Dienstunfähigkeit (EG, KO, VN)
= invalidity pension (EC, CO); disability benefit (UN)

332 vorzeitiges Ruhegehalt (VN)
(wird unter bestimmten Voraussetzungen beim Ausscheiden zwischen dem 55. und 60. Lebensjahr [Altersgrenze] gewährt)

= early retirement benefit (UN)
(granted under certain conditions on leaving the service between the ages of 55 and 60 [age limit])

333 zurückgestelltes Ruhegehalt (VN)
(Bei vorzeitigem Ausscheiden setzt Zahlung erst im Pensionsalter ein)

= deferred retirement benefit (UN)
(In the case of early retirement payment does not begin until pensionable age)

334 Entlassungsentschädigung f. (VN)
(wird beim Ausscheiden gezahlt, soweit die Beendigung des Dienstverhältnisses durch den Generalsekretär veranlaßt wurde und der Bedienstete nicht in den Ruhestand tritt)

= termination indemnity (UN)
(payable where a staff member does not retire but has his service terminated by the Secretary-General)

335 Abfindung f. (VN)
(für VN-Bedienstete, die aus dem Pensionsfonds ausscheiden)

= withdrawal settlement (UN)
(payable to UN staff members on leaving the pension fund)

336 Abgangsgeld n. (EG, KO)
(für Bedienstete, die bei ihrem Ausscheiden noch nicht ruhegehaltberechtigt sind)

= severance grant (EC, CO)
(for officials who on departure are not yet entitled to pension)

337 Kapitalabfindung f.

= lump sum settlement;
lump sum equivalent (UN)

338 Hinterbliebenenversorgung f.

= survivor's pension

339 Witwengeld n.

= widow's pension; widow's benefit

340 Waisengeld n.

= orphan's pension

341 Versorgungsleistung f. für Kinder (VN)
(zusätzlich zum Ruhegehalt, zum vorzeitigen Ruhegehalt und zum Ruhegehalt bei Dienstunfähigkeit für jedes unverheiratete Kind unter 21 Jahren; ersetzt beim Tode des Bediensteten das Waisengeld)

= child's benefit (UN)
(in addition to retirement benefit, to early retirement benefit and to disability benefit for each unmarried child below the age of 21; takes the place of orphan's pension in the case of death of staff member)

342 Existenzminimum n.
(Berechnungsgrundlage für die Mindestversorgung)

= minimum subsistence figure
(basis of calculation for minimum pension)

343 Mindestversorgung f.

= minimum pension

344 Versorgungsfonds f.
(Fonds, aus dem ein einmaliger Kapitalbetrag anstelle einer laufenden Versorgung gezahlt wird)

= provident fund
(a fund which pays a lump sum on retirement instead of a continuing pension)

345 Pensionsfonds m.;
Gemeinsamer ~ der VN
(Fonds, aus dem die laufenden Versorgungsleistungen gezahlt werden)

= Pension Fund;
UN Joint Staff ~ ~
(fund which pays continuing pension benefits)

346 Versorgungsbeitrag m.

= pension contribution

347 Beitragsleistungszeit f. (VN)
(Zeitraum, während dem der Bedienstete Beiträge zum Gemeinsamen Pensionsfonds der VN entrichtete; ruhegehaltfähige Dienstzeit)

= contributory service (UN)
(time during which staff member contributed to the UN Joint Staff Pension Fund; pensionable service)

348 Beitrag m. zur Unfallversicherung

= accident insurance contribution

349 Übertragung f. von Ruhegehaltansprüchen

= transfer of pension rights

350 versicherungsmathematischer Gegenwert
(im Zusammenhang mit der Übertragung von Ruhegehaltansprüchen)

= actuarial equivalent
(in connection with transfer of pension rights)

351 **Anpassung f. der Versorgungsbezüge**
(z.B. an die gestiegenen Lebenshaltungskosten)

= **pension adjustment**
(e.g. to meet rise in cost of living)

352 **Verbraucherpreisindex m. (CPI) (VN)**
(entspricht bei den VN dem Lebenshaltungskostenindex im Wohnsitzland des Pensionärs und wird zur Anpassung der Pensionen an Inflation und Wechselkursschwankungen benutzt)

= **Consumer Price Index (CPI) (UN)**
(This corresponds in the UN to the cost of living index in the pensioner's country of residence and is used to adjust pensions for inflation and exchange rate fluctuations.)

353 **»WAPA-Index« m. (VN), gewichteter durchschnittlicher Index der Kaufkraftzuschläge**
(zur Ermittlung der Tabelle der ruhegehaltfähigen Dienstbezüge, die auch für die Beitragszahlung zum Gemeinsamen Pensionsfonds von Bedeutung ist)

= **WAPA Index (UN),
weighted average of post adjustments**
(This is used in compiling the table of pensionable remuneration, which also determines the amount of contribution to the Joint Staff Pension Fund.)

III.5 Disziplinarordnung

Discipline

354 **Verstoß m. gegen die Dienstpflichten**

= **breach of duty; neglect of duty; failure to comply with one's official obligations**

355 **Verfehlung f.**

= **offence; misconduct**

356 **vorsätzlich**

= **deliberate**

357 **fahrlässig**

= **negligent**

358 **Ermittlungen fpl. anstellen;
~ anordnen**

= **to order an enquiry**

359 **beschuldigter Beamter**

= **the official charged**

360 **Anhörung f. des Bediensteten**

= **hearing of the staff member concerned**

361 **Beurlaubung f. vom Dienst**

= **suspension from duty**

362 **vorläufig des Dienstes entheben (suspendieren)**

= **to suspend**

363	Disziplinarrat m. (EG); Disziplinarausschuß m. (VN)	= disciplinary board (EC); ~ committee (UN)
364	Disziplinarmaßnahme f.; Disziplinarstrafe f.	= disciplinary measure; ~ action
365	Disziplinarverfahren n.	= disciplinary procedure
366	Strafverfahren n.	= criminal proceedings; prosecution
367	Verwarnung f.	= warning
368	Verweis m.	= reprimand; censure
369	(zeitweiliges) Versagen des Aufsteigens in den Dienstaltersstufen	= (temporary) deferment of advancement to a higher step; withholding of a salary increment
370	Einstufung f. in eine niedrigere Dienstaltersstufe	= relegation to a lower step
371	Einstufung f. in eine niedrigere Besoldungsgruppe	= downgrading
372	Kürzung f. des Gehalts	= reduction of salary
373	Kürzung f. des Anspruchs auf das Ruhegehalt	= reduction of entitlement to retirement pension
374	Aberkennung f.; ~ des Ruhegehalts; ~ der Versorgungsansprüche	= withdrawal; ~ of retirement pension; ~ of entitlement to retirement pension
375	Entfernung f. aus dem Dienst (als Disziplinarmaßnahme)	= removal from post; dismissal (as a disciplinary measure)
376	(fristlose) Entlassung	= (summary) dismissal

III.6 Rechtsschutz

Appeals

377	Rechtsschutz m.	= appeals; redress (in the event of complaints or appeals)
378	Antrag m.	= request

379 Beschwerde f.; ~ einlegen	= appeal; complaint; to lodge an appeal; to lodge a complaint
380 Beschwerdeführer m.	= applicant; claimant
381 Beschwerdeweg m.	= appeals procedure
382 Beschwerdefrist f.	= period for lodging an appeal; ~ for lodging a complaint
383 Ablehnung f. einer Beschwerde	= rejection of a complaint; ~ of an appeal
384 Abhilfe f. einer Beschwerde; einer Beschwerde stattgeben	= grant of an appeal; to grant an appeal
385 auf dem Dienstweg	= through the official channel
386 unmittelbarer Vorgesetzter	= immediate superior
387 Gegendarstellung f.	= reply (to a charge)
388 Aussetzung f. (einer angefochtenen Entscheidung)	= stay of execution (of the contested decision)
389 Bestätigung f. einer getroffenen Entscheidung	= confirmation of a decision taken
390 Rechtmäßigkeit f. einer Entscheidung	= legality of a decision
391 Aufhebung f. oder Änderung f. einer getroffenen Entscheidung	= revocation or alteration of a decision taken
392 Verfahrensordnung f.	= rules of procedure
393 Beschwerdeausschuß m. (in verschiedenen Organisationen; entscheidet über Beschwerden des Bediensteten gegen eine ihn beschwerende Einzelentscheidung)	= appeals board (in various organizations; hears staff members' complaints against decisions that affect them adversely)
394 Europäischer Gerichtshof (auch zuständig für Streitsachen der Beamten und sonstigen Bediensteten mit den Organen der EG über die Rechtmäßigkeit von Entscheidungen in Personalangelegenheiten)	= Court of Justice of the European Communities (Its jurisdiction covers the disputes between staff and EC institutions involving the legality of decisions concerning staff matters)

395 **Verwaltungsgericht n. der Vereinten Nationen**
(in letzter Instanz zuständig für Beschwerden der Bediensteten der Vereinten Nationen mit Dienstort außerhalb Europas gegen Entscheidungen ihrer Organe)

= **United Nations Administrative Tribunal**
(hears final appeals from UN staff members against decisions by UN bodies outside Europe)

396 **Verwaltungsgericht n. der Internationalen Arbeitsorganisation (ILO)**
(in letzter Instanz zuständig u.a. für Beschwerden der Bediensteten der Vereinten Nationen mit Dienstort in Europa und für Bedienstete anderer Organisationen [z.B. EPA, EUROCONTROL] gegen Entscheidungen ihrer Organe)

= **Administrative Tribunal of the International Labour Organization (ILO)**
(hears final appeals from UN staff members serving in Europe and also from the staff of other organizations [e.g. EPO and EUROCONTROL] against decisions by their authorities)

IV. Beteiligung des Personals

Staff participation

397 **Beteiligung f. des Personals**

= **staff participation**

398 **Anhörung f. des Personals**

= **granting of a hearing to the staff**

399 **Anhörungsrecht n. des Personals**

= **right to be heard**

400 **Personalvertretung f.**

(als Rechtsinstitut)

= **staff representation;**
~ **relations (UN)**
(as a recognized principle)

401 **Personalvertretung f.**
(als Organ)
(entweder von allen Bediensteten – z.B. bei EG, NATO, WEU – oder bei VN vom Personalrat – s. Nr. 403 – gewählt; mit beratender Funktion)

= **staff committee**
(elected either by all staff members – as in the case of the EC, NATO, WEU – or in the UN by the Staff Council – see No. 403; it has an advisory role.)

402 **Personalvertreter m.**

= **staff representative**

403 **Personalrat m.**
(bei den VN von den Bediensteten gewähltes Organ, dessen Aufgabe es hauptsächlich ist, aus seiner Mitte die Personalvertretung [s. Nr. 401] zu wählen)

= **staff council**
(a body elected by the UN staff; its main task is to elect the staff committee [see No. 401] from its membership.)

404 **Personalvereinigung** f.
(in einigen Organisationen – z.B. NATO, WEU – Organ, das sich aus allen Bediensteten der Organisation zusammensetzt und z.b. die Personalvertretungen wählt oder Vertreter in gemischte Ausschüsse entsendet)

= **staff association**
(in some organizations – e.g. NATO, WEU – body consisting of all staff members of the organization; for example it elects the staff committee or appoints representatives to joint committees.)

405 **Berufsverband** m.;
Berufsorganisation f.
(verstehen sich als Interessenvertreter bei internationalen Organisationen, sind aber nicht Tarifpartner, da die Räte bzw. die VN-Generalversammlung autonom entscheiden)

= **staff association;**
professional organization (EC)
(Staff associations in international organizations, while claiming to represent the staff's interests, are not recognized as empowered to negotiate pay and conditions of employment, since the councils or the UN General Assembly decide independently.)

406 **Gewerkschaft** f.

= **trade union**

407 **Konzertierungsverfahren** n. **(EG)**
(Regelung zur Mitwirkung der Gewerkschaften und Berufsverbände bei Verordnungen des Rates der EG zum Personalstatut, z.b. jährliche Gehaltsanpassung)

= **consultation procedure (EC)**
(rules for cooperation of trade unions and professional organizations in connection with regulations made by the EC Council affecting the terms of service, e.g. annual salary adjustments)

V. Ausschüsse und andere Gremien

Committees and other bodies

408 **Ausschuß** m. **der Ständigen Vertreter (AStV) (EG)**
(besteht aus den Botschaftern bzw. deren Stellvertretern der Mitgliedstaaten bei den EG; er bereitet die Beschlüsse des Ministerrats vor.)

= **Committee of Permanent Representatives (COREPER) (EC)**
(consists of the ambassadors, or their deputies, of the Member States of the EC; it prepares the decisions of the Council of Ministers.)

409 **Gruppe** f. **»Statut« (EG)**
(Arbeitsgruppe des Rates, bestehend aus Sachverständigen der Mitgliedstaaten und der EG-Kommission; in ihr werden die Vorschläge der Kommission zum Personalstatut einschließlich Besoldung und Versorgung für die Bediensteten der EG beraten und mit einem Bericht dem Ausschuß der Ständigen Vertreter vorgelegt.)

= **Statute Group (EC)**
(a working party of the Council, consisting of experts from the Member States and the Commission of the EC, which discusses Commission proposals concerning the staff regulations, including pay and pensions of EC staff, and submits them to the Committee of Permanent Representatives)

410 Statutsbeirat m. (EG)
(paritätischer Ausschuß der Vertreter der Organe der EG und ihrer Personalvertretungen, der zu allen Vorschlägen der Kommission zu Statutsänderungen angehört wird)

= Staff Regulations Committee (EC)
(joint committee of representatives of EC bodies and staff committees which is consulted on all proposals by the Commission for changes in the service regulations)

411 Paritätischer Ausschuß

= joint committee

412 Invaliditätsausschuß m.

= invalidity committee

413 Auswahlausschuß m.

= selection board

414 Koordinierungsausschuß m. der Haushaltssachverständigen der Mitgliedstaaten (Koordinierungsausschuß) (KO)
(besteht aus Delegierten der Mitgliedstaaten der Koordinierten Organisationen, die nach Beteiligung der Beauftragten der Generalsekretäre und Anhörung der Personalvertreter Empfehlungen in Form von Berichten in Besoldungs- und Versorgungsangelegenheiten an die Räte der Organisationen zur Annahme geben)

= Co-ordinating Committee of Government Budget Experts (CCG) (Co-ordinating Committee) (CO)
(consists of delegates of the Member States who, following consultation with representatives of the Secretaries-General at which staff representatives are given the opportunity to state their views, make recommendations in the form of reports concerning pay and pensions for acceptance by the councils of the organizations)

415 Ständiger Verbindungsausschuß der Generalsekretäre der Koordinierten Organisationen
(zur Beratung gemeinsamer Verwaltungs- und Dienstrechtsangelegenheiten, insbesondere auch für Stellungnahmen gegenüber dem Koordinierungsausschuß; s. Nr. 414)

= Standing Committee of the Secretaries-General of the Coordinated Organizations
(for consultation in administrative questions and in matters involving terms of service; in particular for formulating observations and suggestions to the Co-ordinating Committee; see No. 414)

416 Internationale Dienstrechtskommission (der VN)
(bestehend aus Sachverständigen einiger Mitgliedstaaten; erarbeitet Vorschläge zur Revision des Dienstrechts, insbesondere auf dem Gebiet der Besoldung und Versorgung)

= International Civil Service Commission (ICSC) (of the UN)
(consisting of experts from a number of Member States; drafts proposals for the revision of the terms of service, especially in the field of pay and pensions)

417 Beratungsausschuß m. für Verwaltungsfragen (der VN)
(zur Koordinierung gemeinsamer Verwaltungs- und Dienstrechtsangelegenheiten der Vereinten Nationen und deren Sonderorganisationen, insbesondere für Stellungnahmen gegenüber der Internationalen Dienstrechtskommission)

= Consultation Committee on Administrative Questions (CCAQ) (of the UN)
(for coordination in administrative questions and in matters involving terms of service of the UN and the specialized agencies; in particular for formulating obervations and suggestions to the International Civil Service Commission)

Teil III/Part III

Internationale Organisationen (Auswahl)
International Organizations (Selection)

Lfd. Nr.	Deutsche Bezeichung	English denomination	Abkürzung Abbreviation Deutsch(D) English (E)	Sitz Seat
(1)	(2)	(3)	(4)	(5)
1	Allgemeines Zoll- und Handelsabkommen	General Agreement on Tariffs and Trade	— — — GATT (E)	Genf Geneva
2	Asiatische Entwicklungs-bank	Asian Development Bank	AEB (D) ADB (E)	Manila
3	Bank für internationalen Zahlungsausgleich	Bank for International Settlement	BIZ (D) BIS (E)	Basel
4	Entwicklungsprogramm der Vereinten Nationen	United Nations Develop-ment Programme	— — — UNDP (E)	New York
5	Ernährungs- und Land-wirtschaftsorganisation (der VN)	Food and Agriculture Organization (of the UN)	— — — FAO (E)	Rom Rome
6	Europäische Gemeinschaf-ten mit:	European Communities with:	EG (D) EC (E)	Brüssel Brussels/ Luxembourg
	Europäische Atomge-meinschaft	European Atomic Energy Community	EAG (D) EURATOM (E)	
	Europäische Gemein-schaft für Kohle und Stahl	European Coal and Steel Community	EGKS (D) ECSC (E)	
	Europäische Wirt-schaftsgemeinschaft	European Economic Community	EWG (D) EEC (E)	
	und den Organen:	and the institutions:		
	Europäisches Parlament	European Parliament		Luxemburg u. Straßburg Luxembourg and Stras-bourg
	Generalsekretariat des Rates der Europäischen Gemeinschaften	Secretariat General of the Council of the Euro-pean Communities		Brüssel Brussels

Lfd. Nr.	Deutsche Bezeichung	English denomination	Abkürzung Abbreviation Deutsch(D) English (E)	Sitz Seat
(1)	(2)	(3)	(4)	(5)
	Kommission der Europäischen Gemeinschaften	Commission of the European Communities		Brüssel und Luxemburg Brussels and Luxembourg
	Gerichtshof der Europäischen Gemeinschaften und:	Court of Justice of the European Communities and:		Luxemburg Luxembourg
	Wirtschafts- und Sozialausschuß der Europäischen Gemeinschaften	Economic and Social Committee of the European Communities		Brüssel Brussels
	Europäische Investitionsbank	European Investment Bank		Luxemburg Luxembourg
	Europäischer Rechnungshof sowie:	Court of Auditors and also:		Luxemburg Luxembourg
	Europäische Stiftung für die Verbesserung der Lebens- und Arbeitsbedingungen	European Foundation for the Improvement of Living and Working Conditions		Dublin
	Europäisches Zentrum für die Förderung der Berufsausbildung	European Centre for the Development of Vocational Training		Berlin
7	Europäische Organisation für astronomische Forschung in der südlichen Hemisphäre	European Southern Observatory	– – – ESO (E)	Garching bei München
8	Europäische Organisation für Kernforschung	European Organization for Nuclear Research	– – – CERN	Genf Geneva
9	Europäische Organisation zur Sicherung der Luftfahrt	European Organization for the Safety of Air Navigation	EUROCON-TROL (E)	Brüssel Brussels
10	Europäisches Hochschulinstitut	European University Institute	EHI (D) EUI (E)	Florenz Florence
11	Europäisches Laboratorium für Molekularbiologie	European Molecular Biology Laboratory	EMBL	Heidelberg

Lfd. Nr.	Deutsche Bezeichung	English denomination	Abkürzung Abbreviation Deutsch(D) English (E)	Sitz Seat
(1)	(2)	(3)	(4)	(5)
12	Europäisches Patentamt	European Patent Office	EPA (D) EPO (E)	München Munich
13	Europäisches Zentrum für mittelfristige Wettervorhersage	European Centre for Medium-Range Weather Forecast	EZMW (D) ECMWF (E)	Reading b. London
14	Europäische Weltraum-organisation	European Space Agency	– – – ESA (E)	Neuilly-sur-Seine
15	Europarat	Council of Europe	– – – CE (E)	Straßburg Strasbourg
16	Handels- und Entwick-lungs-Konferenz der Ver-einten Nationen	United Nations Confe-rence on Trade and Deve-lopment	– – – UNCTAD (E)	Genf Geneva
17	Internationale Arbeits-organisation	International Labour Organization	IAO (D) ILO (E)	Genf Geneva
18	Internationale Atom-energie-Organisation	International Atomic Energy Agency	IAEO (D) IAEA (E)	Wien Vienna
19	Internationale Bank für Wiederaufbau und Ent-wicklung (Weltbank)	International Bank for Re-construction and Develop-ment (World Bank)	BANK (D) IBRD (E)	Washington
20	Internationale Fernmel-deunion	International Telecomm-unication Union	– – – ITU (E)	Genf Geneva
21	Internationaler Fonds für landwirtschaftliche Ent-wicklung	International Fund for Agricultural Development	– – – IFAD (E)	Rom Rome
22	Internationaler Gerichts-hof (Organ der VN)	International Court of Justice (Institution of the UN)	IGH (D) ICJ (E)	Den Haag The Hague
23	Internationaler Wäh-rungsfonds	International Monetary Fund	IWF (D) IMF (E)	Washington

Lfd. Nr.	Deutsche Bezeichung	English denomination	Abkürzung Abbreviation Deutsch(D) English (E)	Sitz Seat
(1)	(2)	(3)	(4)	(5)
24	Kinderhilfswerk der Vereinten Nationen	United Nations Children's Fund	— — — UNICEF (E)	New York
25	Nordatlantikpakt-Organisation	North Atlantic Treaty Organization	NATO (D,E)	Brüssel Brussels
26	Organisation der Vereinten Nationen für Erziehung, Wissenschaft und Kultur	United Nations Educational, Scientific and Cultural Organization	— — — UNESCO (E)	Paris
27	Organisation der Vereinten Nationen für industrielle Entwicklung	United Nations Industrial Development Organization	— — — UNIDO (E)	Wien Vienna
28	Organisation für wirtschaftliche Zusammenarbeit und Entwicklung	Organization for Economic Cooperation and Development	— — — OECD (E)	Paris
29	Vereinte Nationen	United Nations	VN (D) UN (E)	New York
30	Weltgesundheitsorganisation	World Health Organization	WGO (D) WHO (E)	Genf Geneva
31	Weltorganisation für geistiges Eigentum	World Intellectual Property Organization	— — — WIPO (E)	Genf Geneva
32	Weltorganisation für Meteorologie	World Meteorological Organization	WOM (D) WMO (E)	Genf Geneva
33	Weltpostverein	Universal Postal Union	WPV (D) UPU (E)	Bern
34	Westeuropäische Union	Western European Union	WEU (D,E)	London
35	Zwischenstaatliches Komitee für Europäische Auswanderung	Intergovernmental Committee for European Migration	— — — ICEM (E)	Genf Geneva

Auszug
aus dem Statut der Beamten der Europäischen Gemeinschaften
Übersicht über die Grundamtsbezeichnungen und die ihnen zugeordneten Laufbahnen in den einzelnen Laufbahngruppen und in der Sonderlaufbahn Sprachendienst

Laufbahngruppe A

A 1	Generaldirektor
A 2	Direktor
A 3	Abteilungsleiter
A 4 } A 5 }	Hauptverwaltungsrat
A 6 } A 7 }	Verwaltungsrat
A 8	Verwaltungsreferendar

Laufbahngruppe B

B 1 Verwaltungsamtsrat

B 2 }
B 3 } Verwaltungshauptinspektor
Technischer Hauptinspektor
Sekretariatshauptinspektor

B 4 }
B 5 } Verwaltungsinspektor
Technischer Inspektor
Sekretariatsinspektor

Laufbahngruppe C

C 1 Bürohauptsekretär
Hauptsekretär
Verwaltungshauptsekretär

C 2 }
C 3 } Bürosekretär
Verwaltungssekretär

C 4 }
C 5 } Büroassistent
Verwaltungsassistent

Laufbahngruppe D

D 1 Amtsmeister

D 2 }
D 3 } Hauptamtsgehilfe
Technischer Hauptamtsgehilfe

D 4 Amtsgehilfe
Technischer Amtsgehilfe

Sonderlaufbahn Sprachendienst

L/A 3 Leiter der Übersetzungsabteilung
Leiter der Dolmetscherabteilung

L/A 4 Gruppenleiter im Übersetzungs- oder Dolmetscherdienst

L/A 5 Überprüfer, Hauptübersetzer, Hauptdolmetscher

L/A 6 }
L/A 7 } Übersetzer
Dolmetscher

L/A 8 Hilfsübersetzer
Hilfsdolmetscher

Extract
from the Staff Regulations of officials of the European Communities
Basic posts and corresponding career brackets in each Category and in the Language Service

Category A

A 1	Director-General
A 2	Director
A 3	Head of Division
A 4 ⎫ A 5 ⎬	Principal Administrator
A 6 ⎫ A 7 ⎬	Administrator
A 8	Assistant Administrator

Category B

B 1   Principal Administrative Assistant

B 2 ⎫
B 3 ⎬   Senior Administrative Assistant
         Senior Technical Assistant
         Senior Secretarial Assistant

B 4 ⎫
B 5 ⎬   Administrative Assistant
         Technical Assistant
         Secretarial Assistant

Category C

C 1   Executive Secretary
      Principal Secretary
      Principal Clerical Officer

C 2 ⎫   Secretary/Shorthand-Typist
C 3 ⎬   Clerical Officer

C 4 ⎫   Typist
C 5 ⎬   Clerical Assistant

Category D

D 1   Head of Unit

D 2 ⎫   Skilled Employee
D 3 ⎬   Skilled Worker

D 4   Unskilled Employee
      Unskilled Worker

Language Service

L/A 3   Head of a Translation or Interpretation Division

L/A 4   Head of a Translation or Interpretation Group

L/A 5   Reviser, Principal Translator, Principal Interpreter

L/A 6 ⎫   Translator
L/A 7 ⎬   Interpreter

L/A 8   Assistant Translator
        Assistant Interpreter

Auszug
aus den Anhängen zum Personalstatut der Vereinten Nationen

Extract
from the Appendices to the Staff Regulations of the United Nations and Staff Rules

Professional and higher categories:

Under-Secretary-General	USG
Assistant Secretary-General	ASG
Director	D 2
Principal Officer	D 1
Senior Officer	P 5
First Officer	P 4
Second Officer	P 3
Associate Officer	P 2
Assistant Officer	P 1

General Service category:

Principal	G 5
Senior	G 4
Intermediate	G 3
Junior	G 2
Messenger	G 1

Manual Workers:

General Foreman	M 7
Foreman	M 6
Leadman	M 5
Skilled Worker (Journeyman)	M 4
Semi-Skilled Worker	M 3
Helper	M 2
Unskilled Worker	M 1

Gegenüberstellung von Amtsbezeichnungen bzw. Funktionen und entsprechenden Einstufungen
Comparison of titles, functions and corresponding gradings
Die Gegenüberstellung gibt Anhaltspunkte für eine Orientierung, weil jede Organisation ihre Ämter und Funktionen selbständig bewertet.
The comparison provides a rough guide, the titles and functions being independently assessed by each organization.

Deutscher höherer Ministerialdienst (Bund) / German Higher Civil Service in Federal Ministry		Britischer höherer Ministerialdienst / British Higher Civil Service	Europäische Gemeinschaften / European Communities		Koordinierte Organisationen (vgl. aber Nr. 3 des Wortguts) / Coordinated Organizations (but see No. 3 of the vocabulary)		Vereinte Nationen / United Nations	
Amtsbezeichnung / Title	Besoldungsgruppe Grade	Amtsbezeichnung / Title	Bezeichnung / Title	Besoldungsgruppe Grade	Bezeichnung / Title	Besoldungsgruppe Grade	Bezeichnung / Title	Besoldungsgruppe Grade
Ministerialdirektor	B 9	Deputy Secretary	Generaldirektor / Director-General	A 1	Assistant Secretary-General	nicht eingestuft unclassified	Under-Secretary-General Assistant Secretary-General	nicht eingestuft unclassified
Ministerialdirigent	B 6	Under-Secretary	Direktor / Director	A 2	Director, Head of Department	A 7	Director	D 2
Ministerialrat	A 16/B 3	Assistant Secretary	Abteilungsleiter / Head of Division	A 3	Head of Department, Head of Division	A 6	Principal Officer	D 1
Regierungsdirektor	A 15	Senior Principal	Hauptverwaltungsrat / Principal Administrator	A 4	Head of Division, Head of Section	A 5	Senior Officer	P 5
Oberregierungsrat	A 14	Principal	Hauptverwaltungsrat / Principal Administrator	A 5	- - -		First Officer	P 4
Regierungsrat	A 13	Senior Executive Officer	Verwaltungsrat / Administrator	A 6	Head of Section, Principal Administrator	A 4	Second Officer	P 3
Regierungsrat z.A.	A 13	Higher Executive Officer	Verwaltungsrat / Administrator	A 7	Administrator	A 3, A 2	Associate Officer	P 2
- - -			Verwaltungsreferendar / Assistant Administrator	A 8	Administrator	A 1	Assistant Officer	P 1

Ausscheiden aus dem Dienst im Alter von	Anspruch

A. 60 Jahren und älter
I. mindestens 5 Jahre Beitragsleistungszeit[2]):

Ruhegehalt[3])
entweder (a):   in voller Höhe als laufende Versorgung

oder (b):   als Kapitalabfindung: bis zu einem Drittel des versicherungsmathematischen Gegenwerts der Versorgungsansprüche

daneben: entsprechend gekürzt das Ruhegehalt als laufende Versorgung

---

II. weniger als 5 Jahre Beitragsleistungszeit[2]):

Abfindung
Rückzahlung der vom Bediensteten eingezahlten Versorgungsbeiträge, einschl. Verzinsung

---

B. 55 Jahren, aber noch nicht 60 Jahren:
I. 5 und mehr Jahre Beitragsleistungszeit[2]):

Wahlweise:
1. Vorzeitiges Ruhegehalt[3])
Ruhegehalt, das versicherungsmathematischer Kürzung unterliegt und unmittelbar nach Ausscheiden (zwischen 55 und 60 Jahren) gewährt wird,
entweder (a):   in fortlaufender Zeit
oder (b):   als Kapitalabfindung: bis zu einem Drittel des versicherungsmathematischen Gegenwerts der Versorgungsansprüche

daneben: entsprechend gekürzt das Vorzeitige Ruhegehalt als laufende Versorgung

oder:
2. Zurückgestelltes Ruhegehalt
Ruhegehalt, das je nach Entscheidung des Bediensteten mit 60 Jahren oder – entsprechend gekürzt – schon ab 55 Jahren einsetzt,
entweder (a):   das (im Zeitpunkt des Ausscheidens erdiente) Ruhegehalt wird ab 60 Jahren ohne versicherungsmathematische Kürzung gezahlt,
oder (b):   als Kapitalabfindung: Gegenwert der eigenen Beiträge einschl. Zinsen

daneben: entsprechend gekürzt das zurückgestellte Ruhegehalt als laufende Versorgung mit Zahlungsbeginn wie vorstehend (a).
(hier keine spätere Witwenversorgung)

On leaving the service	Entitlement

A. At 60 or later with

I. at least 5 years' contributory service[2])

Retirement benefit[3])
either (a):   full entitlement as a periodic pension
               (i. e. a pension payable monthly or quarterly)

or (b):   up to ⅓ of the actuarial equivalent of the benefit as a lump sum and the remainder as a correspondingly reduced periodic retirement benefit.

II. less than 5 years' contributory service[2])

Withdrawal settlement
staff member's contributions plus compound interest

B. At 55 or later, but before 60 with

I. 5 years' contributory service[2]) or more

Choice between:
1. Early retirement benefit[3])
Retirement benefit with an actuarial reduction granted immediately on leaving the service between 55 and 60 in the form of

either (a):   all – in periodic payments
or (b):   up to ⅓ of the actuarial equivalent of the benefit as a lump sum and the remainder in correspondingly reduced periodic payments

or
2. Deferred retirement benefit
Staff member can receive the deferred retirement benefit when he reaches 60 or – with an actuarial reduction – from 55 on.

either (a):   all – in periodic payments commencing without an actuarial reduction at 60, or with an actuarial reduction between 55 and 60.

or (b):   a lump sum equivalent to the staff member's contributions plus compound interest, and the remainder in correspondingly reduced periodic payments, commencing as in (a) above.

(No surviving spouse's benefits are payable)

oder:

3. Abfindung

Rückzahlung der vom Bediensteten eingezahlten Versorgungsbeiträge, einschl. Verzinsung, zuzüglich eines Betrags, der von der Länge der Beitragszahlung abhängt.

II. weniger als 5 Jahre
Beitragsleistungszeit[2]):

Abfindung
wie vorstehend A II

C. noch nicht 55 Jahren:
I. 5 und mehr Jahre Beitragsleistungszeit[2]):

Wahlweise:
1. Zurückgestelltes Ruhegehalt
entweder (a): wie vorstehend B I 2a
oder (b): wie vorstehend B I 2b

oder:
2. Abfindung: wie vorstehend B I 3

II. weniger als 5 Jahre
Beitragsleistungszeit[2]):

Abfindung:
wie vorstehend A II

**D. Ausscheiden wegen
Dienstunfähigkeit**

Ruhegehalt bei Dienstunfähigkeit[3])
wird ohne irgendeine Wartezeit gewählt, hier besteht – im Gegensatz den den anderen Versorgungsleistungen – keine Möglichkeit der vollständigen oder teilweisen Umwandlung in Abfindungen.

---

[1]) Die wichtigsten Schlüsselfaktoren für die Berechnung des Ruhegehalts sind:
 – Zeitraum der Beitragsleistung
 – Durchschnittsbezüge der letzten Dienstjahre

[2]) an den Gemeinsamen Pensionsfond der VN
 (= ruhegehaltfähige Dienstzeit)

[3]) außerdem wird für jedes unverheiratete Kind unter 21 Jahren »Versorgungsleistung für Kinder« gewährt, die beim Tode des Bediensteten das Waisengeld ersetzt.

<table>
<tr><td></td><td>or
3. Withdrawal settlement
Staff members' contributions plus compound interest, and an additional amount which depends on the length of contributory service.</td></tr>
<tr><td>II. less than 5 years' contributory service [2]):</td><td>**Withdrawal settlement**
as in A II</td></tr>
<tr><td>**C. before the age of 55**
I. 5 years' contributory service[2]) or more:</td><td>*Choice between:*
1. Deferred retirement benefit
either (a): as in B I 2a
or (b): as in BI 2b

or:
2. Withdrawal settlement as in B I 3</td></tr>
<tr><td>II. less than 5 years' contriburtory service[2])</td><td>**Withdrawal settlement**
as in A II</td></tr>
<tr><td>**D. On leaving the service in the case of disablility:**</td><td>**Disability benefit[3])**
no waiting period; unlike other benefits, a disablility benefit cannot be commuted to a lump sum, either in whole or in part.</td></tr>
</table>

[1]) the key factors for calculating retirement benefit are:
 – length of contributory service
 – final average remuneration

[2]) time during which staff member contributed to the UN Joint Staff Pension Fund (= pensionable service)

[3]) for each unmarried child below the age of 21: child's benefit, which takes the place of orphan's pension in the event of the staff member's death.

Alphabetischer Index

(Die Ziffern hinter den Stichwörtern bezeichnen die Nummern der Wortstellen im Wortgut.)

Alphabetical Index

(The numbers following the words in the index refer to the numerically arranged list of words.)